天津社会科学院 2015 年重点课题结项成果(课题编号:15YZD－06)
天津社会科学院 2019 年出版基金资助项目

流动中的性别分异与形塑

社会性别视野下的流动人口研究

李宝芳 —— 著

天津社会科学院出版社

图书在版编目（CIP）数据

流动中的性别分异与形塑 ：社会性别视野下的流动人口研究 / 李宝芳著. -- 天津 ：天津社会科学院出版社，2020.9
ISBN 978-7-5563-0658-9

Ⅰ. ①流… Ⅱ. ①李… Ⅲ. ①流动人口－研究－中国 Ⅳ. ①C924.24

中国版本图书馆 CIP 数据核字(2020)第 184777 号

流动中的性别分异与形塑：社会性别视野下的流动人口研究
LIUDONG ZHONG DE XINGBIE FENYI YU XINGSU:SHEHUI XINGBIE SHIYE XIA DE LIUDONG RENKOU YANJIU

出版发行：天津社会科学院出版社
地　　址：天津市南开区迎水道 7 号
邮　　编：300191
电话/传真：（022）23360165（总编室）
（022）23075303（发行科）
网　　址：www.tass-tj.org.cn
印　　刷：英格拉姆印刷(固安)有限公司

开　　本：787×1092　毫米　1/16
印　　张：13
字　　数：173 千字
版　　次：2020 年 9 月第 1 版　2020 年 9 月第 1 次印刷
定　　价：68.00 元

序

由李宝芳副研究员撰写的《流动中的性别分异与形塑——社会性别视野下的流动人口研究》一书由天津社会科学院出版社编辑并公开出版发行了。这本书是她承担的2015年天津社会科学院重点规划课题的结项成果。

1978年中国共产党十一届三中全会决定实行改革开放的伟大政策。这一正确的决策带来了中国经济和社会的翻天覆地的变化，创造了举世瞩目的伟大成就。然而，繁荣和进步也会带来新的社会问题，比如流动人口进城后遇到的各种问题。李宝芳从社会性别视野的新角度关注和深入研究了这个问题。她运用社会性别理论全面检视了流动给两性流动人口带来的具体影响，包括两性地位、关系、发展等的不同。她尤其注重对两性流动人口进行比较分析，揭示两性在流动中受到的不同规制和产生的不同需求，重新解读人口的大规模流动与社会性别规范的相互作用、相互建构，为相关研究提供新的研究经验，具有重要的学术价值。

这是一项从两性视角对流动人口问题进行研究的典型社会学课题。首先，它运用社会整体论，将所研究的问题放到社会变迁即改革开放的大背景、大舞台上观察、审视和分析，揭示流动人口问题的客观规律；其次是社会关系论，特别是流动人口的性别关系，通过性别关系探讨了流动人口的社会性别平等与公正发展问题，抓住了问题的核心，揭示了问题的本质；再次是充分运用社会学的社会调查和量化数据分析方法，并辅以文献研究和定性访谈搜集相关资料，分析和研究问题。

进行比较研究是本书的一个十分突出的特点。在比较中鉴别，在比较中分析思考，在比较中得出相应的结论。本书突破了单一性别分析的局限性，按照对称性原则解释两性流动人口的流动差异，即用同一类型的原因解释男女两性的流动特征，并比较分析其流动因素、过程和后果的异同。弥补了国内此类视角的不足，体现出了研究对两性的人文关照。

本书分析了两性流动人口在流动迁移过程中呈现出的分异现象，包括个体特征、迁移数量、迁移因素、非农就业等各方面的差异和流入城市后社会融合程度的区隔以及受流动影响的特殊人群即儿童和老人群体的性别分异；探讨了流动给性别权力、地位、情感关系带来的冲击与变化，认为流动重塑了传统的性别关系和性别观念，为两性平等发展提供了难得的契机，社会性别规范影响了两性的流动迁移，流动迁移也重构了传统的社会性别规范，二者是相互建构的；同时探寻了形塑这些差异和变化的多维度因素，并对流动人口的公共服务进行社会性别视角的审视与解析，揭示其中因缺乏性别意识或受传统社会性别观念影响而造成的两性获益不平等的社会原因。

本书构建了新型城镇化背景下促进性别平等与公正的实现路径，加快男女平等、两性和谐发展的进程，缩小在经济社会各领域普遍存在的性别鸿沟，对于推动新型城镇化进程，实现两性平等发展、共享现代化成果，尤其是维护两性流动人口在社会资源配置和性别分层中的公平位置，无疑具有重大的政策参考价值和现实意义。

李宝芳是一名年轻的具有社会科学研究高级职称的社会学研究人员。她于2008年毕业于南开大学，获得了博士学位，同年来到天津社会科学院社会学研究所从事专业社会学研究工作。十余年来，她刻苦钻研，辛勤耕耘，写了许多优秀的著作、论文和研究报告。2015年她的第一本著作《维多利亚时期英国中产阶级婚姻家庭生活研究》由社会科学文献出版社公开出版。本书又是一部全新的力作。

可以预见，本书的公开出版，必将在两个方面丰富和推动我国的相关领域研究，其一是性别分异研究，其二是社会流动和流动人口研究。祝贺！

中国社会学学会副会长、学术委员会委员
天津社会科学院城市社会学学科首席专家
潘允康

目 录

第一章　导论

第一节　流动人口的性别与女性研究

改革开放以来，随着我国农村家庭联产承包责任制的推行和产业结构的优化调整，农村生产力得到极大释放，人和土地的矛盾开始显现。生产要素流动和重组的种种束缚被层层打破后，大量农村剩余劳动力开始非农转移。随着人口流动和迁移的日益增多，对流动人口的研究已经成为社会学、人口学、经济学等多个学科的显学，研究成果颇为丰硕。其中与性别和妇女有关的部分主要可分为三类视角，即性别差异视角、性别关系视角和女性经验视角。

一、性别差异的视角

（一）流动规模的差异

在流动规模方面，农村女性的流动规模在农村劳动力转移初期要远小于男性。20 世纪 80 年代末 90 年代初，上海、青海、成都、天津等市的调查都表明，流动人口中男性的比例大约为女性的 2 倍或 2 倍以上，大多数城市性别比在 200 以上，大大高于一般正常人口。[①] 随着改革开放的不断深入和城乡迁移的不断扩张，大量农村女性成为流动人口，两性在城乡迁移数量上的差距开始逐渐缩小。在 2005

① 朱秀杰：《农村女性人口流动的约束机制：社会性别视角分析》，《南方人口》2005 年第 1 期。赵君丽：《人口迁移的性别选择性与女性移民问题》，《南京人口管理干部学院学报》2002 年第 2 期。

年全国1%人口抽样调查数据中，流动人口的性别比已从2000年的107.25下降到100.47，女性流动人口已经占据半壁江山。① 但是流动仍是以男性为主导，而女性则是“流动回流”大军的主力。据农业部（今农业农村部）农村经济研究所在安徽和四川两省的调查结果显示，回流劳动力占外出或曾外出劳动力的28.5%，占仍外出劳动力的39.9%。其中男性回流者占仍外出男性的34%，而女性的这一比例高达53.3%。②

（二）流动原因的差异

流动原因方面，学者多从经济、个人发展、教育、家庭决策、婚姻、社会网络等角度分析流动原因。学界一致认为，与男性流动人口相同，农村女性劳动力流动的一个重要动机也是因为流出地经济欠发达、农业收入低、相对贫困且发展机会少。受经济利益驱使，获得非农就业机会和较高的经济收入是农村女性人口流动的主要原因。有研究表明，与男性流动人口的流动因素不同，农村女性的流动比男性更容易受到家庭决策和婚姻的影响，如刘鸿雁考察指出，外出女性群体在达到婚龄后，形成第一次返乡高峰，在孩子要上学时形成第二次返乡高峰。③ 谭深指出，婚姻对女性流动人口和男性流动人口在发展上的影响是不同的，结婚成家带来的责任感是男性外出的强烈动力，但却是女性离开农村家庭的制约因素。④

（三）流动境遇的差异

在流动境遇的就业机会、收入水平和福利保障方面，女性流动人口都不及男性流动人口。正如杜平博士所言：“通过拣选不同性别的农村劳动力，并为他们提供不同的迁移机会、就业环境和发展空间，

---

① 段成荣、张斐、卢雪和：《中国女性流动人口状况研究》，《妇女研究论丛》2009年第4期。

② 朱秀杰：《农村女性人口流动的约束机制，社会性别视角分析》，《南方人口》2005年第1期。

③ 张照新、宋洪远：《中国农村劳动力流动国际研讨会主要观点综述》，《中国农村观察》2002年第1期。

④ 谭深：《农村劳动力流动的性别差异》，《社会学研究》1997年第1期。

性别不平等勾勒和呈现出农村女性群体与男性群体差别化的迁移图景。”[①]研究表明，农村流动人口在城市劳动力市场中具有性别差异现象。劳动力市场中的一些性别歧视现象限制了部分农村女性的就业机会，加剧了劳动力市场的性别分割，形成部分农村女性非农就业的横向隔离与纵向隔离，从职业流动来看，她们向上流动的机会和频率小于男性。[②] 工厂内部也存在职位上的性别差异。男性被安排在技术岗位，而女性往往被安排在非技术岗位。[③] 能够找到工作的农村女性通常集中在技术含量低、工作时间长的劳动密集型产业或服务业，此类职业往往福利保障缺失，发展潜力有限。而在农村流动群体收入总体偏低的基础上，农村女性流动者的收入相对于男性还要更低。

（四）流动性别差异的原因机制

已有研究在指出现实直接原因的同时，进一步挖掘了深层次的结构性原因。很多学者都表示，农村男女两性在流动中存在的发展差距，从表面上看来源于男女两性先天的生理差异和能力差距，但实际上主要是因为人力资本与社会资本占有的不平等导致的，如在就业中至关重要的教育因素，男女受教育机会的不平等造成了工作机会上的性别差异，直接导致了工作收入的不平等。而这种发展资源的性别不平等源于传统性别观念，它通过传统的性别规范和角色分工影响并塑造了两性在个体素质上的差异，从而使农村女性流动者处于劣势地位。

二、性别关系的视角

对性别关系的研究一般包括对夫妻关系、代际关系以及有关妇女家庭地位的研究。

---

① 杜平：《男工 女工：当代中国农民工的性别、家庭与迁移》，香港中文大学出版社2016年版，第5—6页。

② 李芬、慈勤英：《农村女性非农转移和流动的父权制因素探究》，《中华女子学院学报》2002年第4期。

③ 杜平：《男工 女工：当代中国农民工的性别、家庭与迁移》，香港中文大学出版社2016年版，第48页。

（一）夫妻关系

周伟文等通过对“半流动家庭”的研究得出，大多数外出务工人员家庭的夫妻感情并没有因为两地分离而受到显著影响，出现的为数不多的婚姻危机现象和外出丈夫的职业分布和经济收入存在高度的相关性。① 龚维斌指出农民外出就业不同程度地增进了夫妻关系，子女外出务工提升了自身在家庭中的地位，同时也改变了家庭的权力关系，使得家庭权力的重心开始下降，即向子辈转移。② 王亚萍、毕兰凤主要以王村曾外出打工的妇女、丈夫外出打工的妇女和从未外出打工过的妇女作为研究对象，通过对这三组人群的调查研究，发现不同人群在夫妻关系、家庭决策、家务分工、家庭角色期望和认知等方面存在着不同程度的差异，并对调查资料进行相关性分析，发现农村妇女家庭角色的认知差异与人口外出流动具有很强的相关性，家庭角色认知的群体差异与妇女本人的外出流动时间呈正向显性相关。③ 有研究认为，农民流动对夫妻关系所产生的影响主要是正面的，同时也需警惕和重视其消极影响的必要性（“农村外出务工女性”课题组，1996）。也有的研究指出，劳动力转移有利于农村妇女家庭角色的转变，她们将会由次要角色向主要角色转变，并出现两个主角并存的局面，这种情况很大程度上有利于实现夫妻关系的平等与民主化。④ “中国农村留守人口研究”课题组2006年通过对一些村庄的研究发现，劳动力外出对夫妻关系的影响存在一定程度的地域差异性，但是总体来说，劳动力外出并没有对夫妻关系造成强烈的冲击。李强（1996）认为，家庭成员长期不共同生活却仍然有稳定的家庭，原因在于外出务工人员对家里的经济支持，使分居双方在心理上

---

① 周伟文、严晓萍、刘中一：《生存在边缘——流动家庭》，河北人民出版社2002年版，第33页。

② 龚维斌：《农村劳动力外出就业与家庭关系变迁》，《社会学研究》1999年第1期。

③ 王亚萍、毕兰凤：《妇女家庭角色认知与人口外出流动的相关性分析——以安徽省肥东县王村为例》，《辽宁行政学院学报》2012年第6期。

④ 罗忆源、柴定红：《半流动家庭中留守妇女的家庭和婚姻状况探析》，《理论月刊》2004年第3期。

得到安慰。中国人的家庭注重的是纵向关系而非横向关系，传宗接代是家庭的核心。而对于夫妻关系，费孝通先生（1998）说："中国的家是一个事业组织……就是在乡村里，夫妻之间感情的淡漠也是日常可见的现象……"马洁指出，当代夫妻关系正处在不断地变化过程中。外出的特殊目的、就业特点在背后发生作用，大多数外出者十分清楚外出就业是为了挣钱养家，外出就业只是暂时的，最终还要"回流"到家的。①

（二）代际关系

研究者认为，农村女性劳动力外出务工，塑造了新的性别分工模式。流动带来了子女的跨地域流动、改变了家庭的收入来源结构而挑战了传统的代际关系，未婚女性在家中有了更多的话语权和择偶权。总的来说，流动促进了家庭代际关系趋向平等。② 人口的持续大规模流动正改变着农村扩展家庭的性质，通常子女外出后，留下老人自己生活。农村劳动力外出已经对家庭结构产生了深刻的冲击，进而影响了家庭功能的发挥，子女对老人提供的支持正在减少。很多研究都认为子女外出给留守老人的照料问题带来诸多挑战，留守老人成为社会转型期的结构性弱势群体。人口流动弱化了传统家庭成员的社会规范和代际关系。外出人口价值观发生改变，传统的孝道观念遭到削弱，人口流动减少了子女赡养父母的意愿和能力。也有学者指出子女外出并未从根本上改变农村传统家庭赡养的性别分工模式，但是子女代际支持的性别差异正在缩小，女儿在家庭养老中的作用提高。外出女儿对娘家父母增加经济支持的可能性更大，使子女对父母经济支持的性别分工差异缩小。③

---

① 马洁：《外出务工人员的家庭关系研究——以济南市 LC 区为例》，山东大学 2006 年硕士学位论文。

② 谭深、马春华：《外出务工与农村性别关系的变化》，载蒋永萍主编《社会转型中的中国妇女社会地位》第十二章，中国妇女出版社 2006 年版，第 675 页。

③ 定羨：《妇女外出务工对农村家庭性别关系的影响研究——以鄂中土河村为例》，华中农业大学 2014 年硕士学位论文。

（三）妇女家庭地位

大量研究认为随着妇女外出对家庭经济贡献的增加，引起妇女家庭地位的变化，妇女在家庭内部有更多的话语权，夫妻关系也有了明显改善。妇女外出打工对家庭的经济和生活方式的改变，贡献明显高于男性。① 在婚恋观领域表现为对婚姻的要求和期望都明显提高。金一虹分析了外出务工女性婚恋观念的特点，主要表现在：在婚姻目的上情感价值逐渐突出；择偶标准上突出个人因素和能力取向；家庭伦理观念方面，对婚外性行为表现出较大的宽容度。打工的经历使她们在娱乐、生活习惯等方面逐渐城市化，在精神和心理上向往城市生活，但她们无法完全摆脱农民身份的约束和限制，因此她们中的一部分人无法在异乡安家落户，但又不甘心再回到农村。② “人口流动与农村妇女的影响”课题组的研究发现：外出本来是出于经济目的，但结果可能会影响他们的婚姻大事，不仅会推迟他们的婚期，更重要的是可能改变他们对婚姻、择偶的看法，更多的有外出经历的妇女认为自己的婚姻应该由自己决定。而谭深认为，城市打工女性的生活方式处于既非城市又非农村的一种边缘状态。因此很多未婚外出女性会面临婚姻和个人发展的冲突。在未婚女性中，出现了一批“农村大龄未婚女”外出打乱了婚姻、生育等与女性生活密切相关的生命周期，对于已婚女性来说，与家庭和孩子的分离，使她失去完整的家庭生活，也失去了传统的平静。③ 王金玲认为，部分女性仍持有传统的性别定位标准，以及对自己在家庭中享有的权利和所处的地位表示满意。尽管与非农化相伴随，两性的地位对比确实发生了较大的、有利于女性的变化，但就总体而言，男女不平等仍是一个没有完全消失的现象。④

---

① 郑真真、解振明主编：《人口流动与农村妇女发展》，社会科学文献出版社 2004 年版。

② 金一虹：《非农化过程中的农村妇女》，《社会学研究》1998 年第 5 期。

③ 谭深：《农村劳动力流动的性别差异》，《社会学研究》1997 年第 1 期。

④ 王金玲：《非农化与农村妇女家庭地位变迁的性别考察——以浙江省为例》，《浙江社会科学》1997 年第 2 期。

三、女性经验的视角

这类研究是将女性流动人口的经历、特征、状况进行单独研究，具体涵盖女性流动人口的迁移特征、生存状况、就业状况、权益保障状况、社会融合、观念变迁等方面。

（一）女性流动人口的迁移特征

关于女性流动人口的迁移特征主要包括其数量、年龄、受教育程度、流动原因等个体特征。高小贤根据 1987 年全国 1%人口抽样调查数据研究认为，迁移女性数量大、层次低，迁移存在从动性，呈现由县及镇、由镇及市的梯形流动模式。① 段成荣、张斐、卢雪和根据 2005 年全国 1%人口抽样调查数据全面分析了女性流动人口的基本特征和流动特征，指出女性流动人口数量迅速增长，占据“半壁江山”；年龄较男性流动人口更为年轻和集中；受教育程度以初中为主；流动时间长，平均流动时间为 4 年；主要分布在珠三角和长三角地区；务工经商、随迁家属和婚姻嫁娶是女性流动人口的主要流动原因。②

（二）女性流动人口的生存状况

学界认为，部分女性流动人口是弱势群体，由于受到性别敏感缺失的影响，在城市的生存状况较差。其中有些研究从社会资本的角度分析了外出务工的农村女性的生存状况，认为低水平的人力资本、同质性较高的私人关系网络、较低的社会组织参与程度以及缺位的制度体制保障等因素导致了在城市务工的部分农村女性所拥有的私人关系型社会资本、组织型社会资本以及制度型社会资本存量相对不足，致使她们处于城市社会的边缘状态。③ 外出务工的农村女性

① 高小贤：《女性人口迁移与城镇化》，《农村经济与社会》1990 年第 6 期。

② 段成荣、张斐、卢雪和：《中国女性流动人口状况研究》，《妇女研究论丛》2009 年第 4 期。

③ 赵银侠、班理、梁淑萍：《城市女农民工生存状况的社会资本理论分析——陕西省城市女农民工生存状况的调查》，《宝鸡文理学院学报（社会科学版）》2007 年第 6 期。

的城市生存表现在外出就业渠道、职业角色、生存身份、社会保障、社会地位、情感婚姻等诸多方面的边缘化，其原因与城镇化推进中的社会资源配置、城乡二元结构、女性素质、城市包容度等有关。① 由于多方面原因，部分农村女性流动人口在城市的社会保障与福利等合法权益得不到应有的保障，而且往往还因为劳动时间长、劳动强度大、劳动条件差、劳动环境恶劣而遭遇极高的安全与健康风险。②

（三）女性流动人口的就业状况

学者们大多从就业方式、就业渠道、就业现状、就业歧视、就业风险等方面来阐述外出务工的农村女性在就业方面的情况。部分女性流动人口在一些非正规部门或某些正规部门中从事部分时间的就业和各种临时性、突击性、定期合同式的就业。这些部门主要存在于建筑业、加工制造业、商业、服务业等领域，具体的工作岗位对于劳动者的技能要求较低，但同时女性流动人口的工资收入也较低，职业地位低下。她们获得这些岗位主要是通过老乡、亲戚、朋友和熟人等非正式渠道。非正式就业渠道是目前弱势群体就业的主要渠道。据统计，我国女性流动人口 80％以上通过非正式就业渠道就业。非正式渠道外出就业成本较低、较简便。但是，通过非正式渠道外出就业存在的风险比较多，被拐骗、侵犯、蒙受经济损失的可能性大。此外，女性流动人口是流动人口这一群体中更弱势的一个群体，其很多权利诸如休息、产假、孕期保护等往往得不到保障。因此如何从法律、劳动保障的角度来关注女性流动人口在就业过程中出现的问题，也是学界所关注的一个重点。

（四）女性流动人口的权益保障状况

张凤华、曾一帆认为传统的性别文化、性别分工及机会、资源占

---

① 伍慧铃、陆福兴：《女性农民工城市生存边缘化及其防范》，《中共济南市委党校学报》2007 年第 1 期。

② 谭深：《外出和回乡：农村女性流动人口的经历》，《农村农业农民：下半月》2005 年第 10 期。吕学静：《城市农民工社会保障问题的现状与思考——以对北京市部分城区农民工的调查为例》，《学习论坛》2005 年第 12 期。伏春兰、李蕾：《女性农民工城市生存困境分析》，《天津市工会管理干部学院学报》2007 年第 4 期。

有的不平等都对女性流动人口的劳动权益造成侵害，且存在明显的性别差异。此外，还有研究认为，城乡隔离、社会保障体系发育滞后和发展资源缺乏是导致女性流动人口劳动权益得不到保障的主要原因，应建立适应女性流动人口特点的社会保障体系，积极推进在性别平等主流化基础上的政策认可和组织化，建立女性流动人口劳动权益保障体系的发展机制。当前，关于女性流动人口维权还存在着维权意识较弱、宣传力度较弱、监督检查力度较弱和工会等群众组织的维权作用发挥难、维权机制运行难、规定和合法权益落实难等问题。

（五）女性流动人口的社会融合

有的研究从市民化的角度分析了制约女性流动人口市民化顺利推进的障碍在思想、制度、政策、组织、自身素质、文化传统等方面。另外一些研究则从城市适应的角度得出了女性流动人口对城市社会的积极主观适应的效果不好的结论，认为其社会文化适应不理想，虽然城市的生存适应度较高，但层次较低。很多研究都发现，女性流动人口的城市融入明显滞后于男性，她们整体上处于“不融入”状态。①

（六）女性流动人口的观念变迁

在流动对女性产生的观念影响方面，大多数学者都持积极态度，认为流动带来了女性的观念变迁，其独立意识、主体意识都有所增强，社会性别观念趋于现代。在揭示传统性别观念束缚女性流动的同时，许多学者看到了流动对农村女性转变观念产生的积极作用。姜秀花指出：“曾经外出打工的女性，主体意识和权利意识开始发育，尤其是那些外出的有一定文化素质的农村妇女，能够争取更多的独立。”②郑真真、冯小双等学者也用实证调查肯定了流动经历对农村妇女婚育观念和行为等的影响。任曦昱则主要研究了流动给女性的社会性别观念带来的影响，以“第三期中国妇女社会地位调查”在吉

① 陆福兴、刘宁：《边缘化生存：农村女性融入城市面临的困境》，《中共山西省委党校学报》2007年第2期。吴伟东：《农民工社会融入的性别差异——来自五大城市的证据》，《兰州学刊》2012年第6期。

② 姜秀花：《社会转型期农村流动妇女的发展与限制》，《理论学刊》2003年第2期。

林省的相关调查数据为主要依托，对农村女性流动人口的社会性别观念现状和影响因素进行了深入研究。通过对比研究发现，女性流动人口在整体上比女性未流动人口的社会性别观念更趋于现代，流动经历对农村女性社会性别观念有独立的影响。① 已有的流动人口性别和女性研究关注和分析了女性流动人口与男性流动人口流动迁移差异以及流动迁移之后的生存、就业、融合及障碍等各个方面，描绘了女性流动人口多维的流动图景，提供了诸多借鉴和启示。

四、研究有待加强之处

（一）流动中两性受到的不同规制和产生的不同需求缺乏比较研究

已有研究对女性在流动中受到的社会性别观念的约束和规制有较多的关注和探讨，但是对于男性在其中受到的规训重视不足，对其需求也缺乏关注。在流出数量、非农就业数量、职业收入等方面，男性占有优势，这易给人造成错觉：在城乡迁移和流动大潮中，男性好似获益更多，但是社会性别观念提示我们，虽然看似男性获益更多，但实际上他们在流动中也受到规制和制约，或者说社会性别观念也给了他们更大压力。正如杜平博士的研究所揭示的那样，对于大部分外出务工人员来说，特别是老一代外出务工人员，他们做出城乡迁移的决定在很大程度上是迫于经济的压力……背负生活枷锁的他们不得不寻找机会参与到其他经济活动之中，以改变农村家庭的经济状况，并努力满足性别文化对他们的期待。② 尤其是老一代外出务工人员的乡城迁移，主要源于养家糊口的社会性别期待的压力。社会性别制度和性别结构中，不仅包括男女两性之间不平等的权利关系，同时也包括对男女两性发展的不同限制。社会性别视角下的流

① 任曦昱：《社会流动对农村女性社会性别观念的影响——以吉林省为例》，东北师范大学 2013 年硕士学位论文。

② 杜平：《男工 女工：当代中国农民工的性别、家庭与迁移》，香港中文大学出版社 2016 年版，第 31 页。

动人口研究，不只是关注女性流动人口，而是对两性的关照。因此，对流动迁移给两性带来的具体影响分析，应该更多地通过比较研究揭示两性受到的不同规制和产生的不同需求，进而根据不同需求调整促进两性平等发展的政策。

（二）流动对社会性别规范影响的研究有待加强

男性为养家糊口者，女性为贤妻良母、持家者的传统社会性别规范对流动人口的迁移影响较大，男性和女性都受到它的规制，女性相对于男性受到更多的束缚，不能享有与男性一样的权利和自由。但是流动人口的迁移，尤其是女性的流出对传统的社会性别规范是否也有影响？它是强化和形塑了社会性别规范，还是对其构成了挑战和突破？一种可能是女性的大量流动挑战了传统的社会性别规范。女性流动人口走出家庭、进入社会，拥有了更多的资源，她们独立的经济地位促使其在家庭中的地位有所提高。同时，进城务工也开拓了她们的视野，提高了她们的素质，唤醒了她们维护自身权利的意识。另一种观点是，女性流动实质是在更深层面上维护或者强化原有的社会性别规范。很多女性流动并非出于其本人意愿，只是家庭经济策略，她们仍然扮演着丈夫的配角，屈从于他的意志，她所做出的贡献仍然会被淹没在男性养家的话语之中，而且最终女性流动人口还是要受到传统社会性别规范下男主外女主内的束缚，会因为结婚成家再次回归农村，做贤妻良母。另外，如果女性流动使她们的家庭地位有所提高，但社会地位的提高是需要放在整个社会环境中来衡量，包括社会对女性权益的保护和提高，社会对女性的尊重和平等对待。总之，女性人口的流动是冲破传统的社会性别规范约束的结果，还是只是改变的表象，仍然强化了传统的社会性别规范，在这方面需要更细化的研究和思考。

第二节　社会性别视角的引入意义

一、社会性别概念与理论

（一）社会性别概念

所谓“社会性别”（gender），在英语中本指词的阴阳性，用以区别男性和女性的“生理性别”（sex）概念，是指“由社会文化形成的对男女差异的理解，以及社会文化中形成的属于女性或男性的群体特征和行为方式”①。这种区分意在说明，男女所扮演的性别角色并非由生理所决定，而是由社会文化所规范的。社会性别作为社会的构成，指的是通过社会学习得到的与生物性别相关的一套规范的期望和行为，这是男女在日常接触中根据约定俗成的惯例交往而取得的。因此，“社会性别，既是一种制度体系，又是一种意识形态和价值体系；同时也是一种表现为多种力量的权利运作和风俗习惯，甚至是一种集体无意识的强大的惰性力量”②。随着社会性别的提出和广泛应用，西方女性主义学者先后分析了性别与社会规范、社会制度、权力关系、分层机制的互动关系，逐步建立了社会性别理论的基础，社会性别从一个概念术语日渐发展成一种重要的分析范畴。在今天，与“阶级”“种族”一样，“社会性别”已经成为研究人类社会与历史的一个基本的分析范畴，被广泛运用于各个领域。用社会性别视角来观察和分析社会、经济和文化等现象，重新审视两性关系，消除两性成长中的文化壁垒和障碍，从而避免两性之间机会和权利上的差距的产生和进一步扩大，体现了“以人为中心”的时代特征。社会性别的分析是指“任何把社会性别当作分析的关键范畴的理论框架或科研方法”，是女性主义的分析范畴和研究及决策方法。他们不但认为关

① 王毅平：《社会性别理论：男女平等新视角》，《东岳论丛》2001 年第 4 期。

② 杜芳琴：《中国妇女研究的历史语境：父权制、现代性与性别关系》，载杜芳琴、王向贤《妇女与社会性别研究在中国 1987—2003》，天津人民出版社 2003 年版，第 45 页。

注妇女问题的视角应当从生物性差异转向社会性差别，而且提出妇女与发展的研究不能仅从妇女问题的视角入手，而应从男性和女性，特别是两者之间的关系入手。1988 年，琼·斯科特在其文章《社会性别：一个有助于历史分析的范畴》中指出："社会性别是诸多社会关系中的一分子，是基于能观察到的两性差异之上的；社会性别是表示权力关系的基本途径。"①

社会性别理论的研究并未停留在理论层面，也在实践操作中发挥了指导性作用。国际组织及各国政府都利用了社会性别的可建构性，在制定发展战略和政策时强调社会性别意识，优化女性发展的途径机制，努力实现两性的平等和共同发展。社会性别概念的提出为重新思考性别问题带来了新的契机。首先，社会性别概念强调两性之间的差异是"非自然的"，即并非建立在生理上的，而是由社会建构的。其次，从社会性别的角度追求两性平等意味着不再是女性从男性手中夺回自己的权利或者把男性视为女性的对立面，而是由此发现男、女两性在社会性别机制中都受到了规训，都具有被压迫的一面，因此，追求性别平等实际上是男女两性共同发展的过程。只是由于目前女性还处于弱势地位，因此，对女性被歧视的一面予以更多关注。再次，社会性别学说对社会中许多被视为"常识"的知识提出了挑战，它从角色、服装装饰、行为等微观层面质疑男性或女性身份存在的必然性和合理性；从公、私领域的中观层面，挑战传统的社会分工和价值理念；从社会分层制度和社会结构的宏观层面，探讨社会发展与平等之间的关系。

（二）社会性别理论

社会性别理论是在人类发展到以人为中心的社会发展模式时产生的，以人的基本权利为出发点，反省传统的社会性别，旨在促使男性和女性全面健康发展，终结男女间的不平等，实现社会性别平等的一种理论观念和学说。社会性别理论从分析两性关系入手，可以发

① 王毅平：《社会性别理论：男女平等新视角》，《东岳论丛》2001 年第 4 期。

现社会关系和社会制度的根源和本质，从而将社会性别理论变成强有力的政治、经济和社会文化的分析工具。社会性别理论作为一种历史和文化的产物，将随着社会的发展和变迁而不断变化和发展，如何运用它来指导鲜活的实践活动也应是一个不断探索的问题。社会性别理论在其二十多年的发展中，已经成为西方学术的一个重要分析范畴，成为国际妇女运动中的重要理论。

从总体上讲，社会性别理论是在肯定男女两性的生物学差异的基础上，强调他们的社会特征与角色，强调社会文化对性别差异的影响，强调性别之间的社会关系。该理论认为，妇女所扮演的性别角色并非都由生理所决定，而是由社会文化所规范的；人的性别意识不是与生俱来的，而是在对家庭环境和父母与子女关系的反应中形成的；生理状况不是妇女命运的主宰，男女性别角色是可以在社会文化的变化中改变的。具体地讲，社会性别理论主要包括以下几个方面①：

1. 以变化、发展的眼光看待事物

社会性别理论以变化、发展的眼光看待流行的社会性别观念，认为性别可以分为生理性别和社会性别，人的生理性别是由人的生物特征决定的，是与生俱来的恒定事实。社会性别是特定社会文化中形成的性别规范、性别角色及两性的行为方式，是后天文化习俗影响的结果。人的社会性别不仅因时间而异，而且因民族地域而异，作为一种社会构成，它对人的影响是巨大的。因此，社会性别理论从揭示生理性别与社会性别的复杂关系入手，打破了生理性别决定论的神话，它对于宿命的、不可改变的传统性别观念发起了挑战，因而具有革命性和反叛性。

2. 将女性视为发展的主体

社会性别理论把女性作为主体，不但主张改变女性与男性之间的从属关系，而且要改变女性与国家之间的从属关系。它认为，女性不应当无原则地妥协和牺牲，不能消极地适应环境和社会，而应当维

① 王毅平：《社会性别理论：男女平等新视角》，《东岳论丛》2001年第4期。

护自己的尊严与权利；作为主体，女性应学会依靠自己，独立面对人生和社会的各种挑战，彻底战胜情感、心理与精神上的软弱、依赖和无助，扫除自我发展中的羁绊与障碍；女性与男性的关系是平等的，无论女性还是男性都不应以牺牲对方作为自我发展的前提，而应当相互结成彼此尊重平等相处的伙伴关系；作为主体，女性也不能成为国家或任何社会机构的工具，她们的利益与需求不应当被无视，而应当得到重视与满足。

3. 反对孤立地研究女性和女性问题，同时也反对把女性视为男性的对立面

考察认识妇女问题时，不要将妇女孤立地剥离开来，而要将其置于男女两性的社会角色和权力结构之中。在对其性别文化、性别制度和性别结构的分析过程中，我们既可以观察到男女两性之间不平等的权利关系，同时也可以看到男女两性受到的不同限制和制约，从而有助于男女两性共同反思传统性别规范对于自身发展的束缚，有助于男女两性汇集成反传统性别文化的合力。

4. 把性别分析运用于发展，注重研究具体政策或项目对于男女两性产生的不同影响，并致力于消除发展中的不平等和歧视

具体地说，对具体发展方案和项目进行性别分析时主要有以下几个方面：一是看其是否把妇女作为发展的主人，赋权于妇女。在具体政策的制定和实施中分别考虑对男女两性产生的不同影响，征询妇女的意见，特别是在有关妇女发展的政策和项目中，应有一定比例的妇女担当政策计划者和项目管理者。在整个项目的实施中要让妇女参与项目的评审与考核。二是充分考虑妇女的社会需求即社会性别利益。既要考虑其实用性社会性别利益，又要考虑其战略性社会性别利益。前者是指现存的社会性别分工下不同的社会性别的生存需求，并不挑战现有的两性关系格局，如开展对妇女的技术培训；后者则致力于改变现有的社会性别不平等状态，如实现家务劳动和养育子女的平等分工和社会化、消除对妇女的暴力、落实妇女参政、创造平等的就业机会等。三是充分考虑妇女的多种角色。妇女往往既

参加生产劳动还参加社区管理、服务工作。进行发展规划时，应充分考虑妇女的多重角色，合理地安排妇女的工作量，以使妇女免除多重压力。四是努力打破传统的两性社会性别分工，在鼓励女性从事传统上男性所从事的工作的同时，鼓励男性从事传统上女性所从事的工作，特别强调男性与女性共同分担家务，以保证男女共同发展。五是为男女平等地掌握资源提供政策与法律上的保证，积极调整并改变带有歧视妇女或忽视妇女利益的政策、法律和法规。六是注重妇女在发展中的利益，使她们在发展中真正受益。

（三）社会性别制度

盖尔·鲁宾(Gayle Rubin)首次提出了"性/社会性别制度"概念，她在总结了马克思的政治经济学理论、弗洛伊德的精神分析和列维·施特劳斯的结构人类学理论的基础上，试图阐明"性/社会性别制度"不属于经济制度，而是与经济政治制度密切相关的、有自身运作机制的人类社会制度。她将性别制度看成是精神的、人际关系的和政治经济制度的产物，也是历史的产物，而不是"自然"的结果。[①]社会性别制度，"是该社会将生物的性转化为人类活动的产品的一整套组织安排"[②]，也就是说，是人类组织性的活动的一种制度。同任何文化中都有经济制度、政治制度一样，任何文化中也都有自己的社会性别制度。社会性别制度有自身的运作机制，通过各种社会体制习俗，把人组织到规范好的"男性""女性"的活动中去。这种制度安排了性别的生产生活的分工，组织着性别的交往与关系如婚姻的、家庭的与亲属的结构，也是一种文化语言的符号，规范着男女的行为和气质特征，甚至建构了作为性别身份的主体性即性别认同。这种制度使人因性别而产生社会地位的不平等和社会角色的差异。

现存的性别制度是经过长期历史积淀所形成的一系列在个人、社会组织、国家机构、市场运行等各个领域有关意识形态和行为的规

① 王政、杜芳琴：《社会性别研究选译》，生活·读书·新知三联书店1998年版，第22页。

② 吕美颐、郑永福：《近代中国：大变局中的性别关系与妇女》，载杜芳琴、王政编《中国历史中的妇女与性别》，天津人民出版社2004年版，第418页。

范体系，无论个人还是组织或社会的各个要素都自觉地按照这套规范体系运行，成为个人、群体、机构和国家行为不言自明的固定的规则，构成了每个群体（包括家庭和各社会组织）或社会中的各要素相互之间关联的方式。这套规范又经过主体性别身份的认同不断复制和生成。

二、将社会性别视角引入研究的意义

（一）推进“以人为本”新型城镇化的必然要求

党的十八大明确提出坚持走中国特色新型城镇化道路。2014年4月，《国家新型城镇化规划（2014—2020年）》正式出台，明确了新型城镇化道路的具体内涵。新型城镇化实质是以人为本，关键是提高城镇化质量，即“人的城镇化”成为新型城镇化的核心目标。受城镇化影响最大的流动人口并非铁板一块，会因年龄、受教育程度、职业、收入不同而分为不同的群体，这其中最基础的区分是性别。流动进程对两性群体的影响不尽相同，他们在流动过程中遇到的问题也不一样。因而运用比较的方法，将社会性别视角纳入流动人口研究，分析男、女两性在社会发展中的不同利益与需求，揭示两性在城镇化过程中面临的不同障碍，采取有针对性的应对措施，是以人为本的应有之义，能真正有的放矢地提高人的城镇化水平，推进新型城镇化进程。

（二）对推动流动人口的性别平等与公平发展具有重要的现实意义

目前，我国性别平等与妇女发展已经取得显著成就。随着改革开放的推进，越来越多的农村居民到城市从事各种经济活动，农村女性也因此获得了更多的发展机会和空间，但是由于传统社会性别规范和各种制度和环境的影响，部分农村女性流动人口仍处于从属地位，属于流动人口这一弱势群体中的弱势群体。运用社会性别视角考察城镇化过程中两性受到的不同规制及不同利益与需求，重新解读人口的大规模流动与社会性别规范的相互影响，审视性别不平等的障碍，进而在新型城镇化背景下提出促进两性平等发展的政策建议。将社会性别视角纳入城镇化的公共政策，保证社会资源配置和性别分层中的公平，可以加快男女平等、两性和谐发展的进程，缩小性别鸿沟，对于推动两性平等发展、共享现代化成果尤其是维护女性流动人口在社会资源配置和性别分层中的公平位置无疑具有重大的现实意义。

(三)注重对两性进行交叉分析，弥补此类视角研究的不足

以往学界对流动人口的性别研究，绝大多数集中于对女性的分析，落脚点都放在如何促进女性流动人口的权利保障和平等发展上，较少关注男性流动人口的不同利益和需求，存在较为严重的男性盲视。运用社会性别理论全面检视流动给两性带来的具体影响，包括对两性地位、关系、发展造成的不同影响，尤其注重对两性进行交叉分析，揭示两性受到的不同规制和产生的不同需求，改变以往社会性别研究中单一性别分析的状况，弥补此类视角研究的不足，丰富相关理论研究，具有重要的学术价值。

第三节　研究方法与思路

一、研究方法与对象

其一，文献研究。流动人口一直是社会学界关注的热点，该领域积累了大量的文献和资料。本研究通过检索国内外各种文献，收集与研究相关的资料、论文、书籍等，对文献进行筛选、分类、比较、总结和分析，了解该领域的研究进展和成果，确定本研究的研究视角和基本思路。

其二，定性分析。为了在更宏观的背景和制度下理解流动人口的性别分异，本研究还针对流动人口的社会保障、户籍制度、土地制度、公共卫生计生政策等方面，使用定性分析方法研究和分析相关的法律法规、政策措施等文本。此外，还运用了访谈资料。2016 年 5—

10月，选取天津市“双流动家庭（即夫妻双方一起流动）”的流动人口作为访谈对象，其中男性10人，女性10人，进行半结构式深度访谈，重点收集此类家庭中夫妻双方的地位、权力、家务分工、情感状况、观念意识等方面的定性资料，以期发现流动给夫妻关系带来的影响和影响程度。2018年9—10月，选取10位户籍在外省市，为了与子女团聚或帮助子女分担家务、照料孙辈而来到天津，目前在天津市内居住半年以上的老年流动人口作为访谈对象，其中男性5人，女性5人，年龄都在60岁以上，进行半结构式深度访谈，重点收集此类人群的生活状况、社区参与、社会适应与融入情况，分析他们在各层面的社会融入情况与性别差异。

其三，数据分析。本研究在引用其他研究者的数据成果基础上，主要运用社会统计软件SPSS22.0对2014年国家卫计委（今国家卫健委）开展的流动人口动态监测调查数据和2010年全国妇联和国家统计局联合组织实施的第三期中国妇女社会地位调查进行统计分析。2014年国家卫计委流动人口动态监测调查包括个人问卷（A）、村/居问卷（B）、社会融合与心理健康个人问卷（C）、社会融合与心理健康户籍人口问卷（D）四个问卷。本研究主要使用其中的A卷和C卷。A卷调查对象是在流入地居住一个月以上，非本区（县、市）户口的15～59周岁流入人口。调查方法是以31个省（区、市）和新疆生产建设兵团2013年全员流动人口年报数据为基本抽样框，采取分层、多阶段、与规模成比例的方法进行抽样，调查样本量约20万人。其中C卷是对8个城市的调查，这8个城市为北京市、成都市、嘉兴市、青岛市、厦门市、深圳市、郑州市、中山市，样本量共15999个。调查问卷内容主要包括家庭与人口基本情况、流动与就业特征、基本公共卫生服务、基本医疗服务、社会参与与闲暇、心理认同与健康等方面。

其四，研究对象。本课题研究对象主要为农村流动人口，即乡—城流动人口。需要说明的一点是，全国1%抽样人口调查、国家卫计委流动人口动态监测数据等大型统计调查是以全部流动人口（包括乡—城流动人口和城—城流动人口)为调查对象的,但是由于农村流动人口是流动人口的主体,大型流动人口调查数据可以代表农村流动人口的大致流动趋势和特征,所以文中在引用大型调查数据分析农村流动人口时没有做具体区分。之所以没有采用“农民工”的称谓,是因为农民工是指在本地乡镇企业或者进入城镇务工的农业户口人员。农民工包括两部分人,一部分是在本地乡镇企业就业的离土不离乡的农村劳动力,一部分是外出进入城镇从事二、三产业的离土又离乡的农村劳动力。但是本书的研究对象主要为离土又离乡的那部分流动人口,他们中有很多人不是务工人员,而是个体户或者是没有就业的随迁人员,所以用“流动人口”强调其离开家乡、在城市工作生活更为适合。

二、研究思路与内容安排

本研究主要运用社会性别理论对流动人口进行考察,分析两性在流动迁移过程中、社会融合过程中的差异、流动给性别关系带来的冲击与变化,并探寻形塑了这些差异和变化的不同维度的因素,同时对流动人口的公共政策进行社会性别视角的审视与解读,发现和揭示其中因缺乏性别意识或者受传统社会性别观念影响而造成的两性事实上的不平等。最后提出在新型城镇化背景下如何突破流动中性别不平等的障碍,推进性别平等和公正的应对之策。

研究主体分为六部分:

第一部分主要阐述分析流动人口流动迁移过程中的两性分异,包括个体特征(年龄、受教育程度、婚姻状况)的差异、迁移数量和因素的差异、非农就业(行业和职业分布、就业率、收入、劳动待遇和社会保障、职业流动和发展)的差异等,并分析两性分异背后的社会性别因素。

第二部分侧重考察流入城市之后的社会融合过程中两性间存在的差异。运用 2014 年全国流动人口动态监测数据,选取经济层面、社会层面、心理层面的 18 个具体指标进行比较分析,探寻两性在不同融合层面和程度的差异及政策启示。

第三部分关注受流动影响的特殊人群，即儿童和老人群体中的性别分异，包括流动儿童和留守儿童的性别比和社会化差异、老年流动人口的流动因素和社会融入过程中的性别差异等，并探寻这些差异背后的社会性别因素及应对策略。

第四部分关注流动给传统的社会性别规范带来的影响和变化，主要从性别权力（地位）关系、夫妻权力（地位）关系、性别分工、夫妻感情关系、女性流动人口的社会性别观念等几方面进行分析，考察流动是否重塑、如何重塑了传统的性别关系和社会性别观念以及流动和传统社会性别规范的相互建构机制。

第五部分将对流动人口的公共服务进行社会性别视角和理论的审视和解读，包括社会保障服务、公共卫生计生服务和积分落户服务等，揭示流动人口的公共服务中存在因缺乏性别意识或受传统社会性别观念影响而造成事实上两性的获益不平等的状况，并探寻流动人口公共服务的社会性别选择与完善之策。

最后一部分总结阐释流动中形塑性别分异的多维度因素，包括女性自身的受教育程度较低、户籍制度及其相关的公共服务和社会福利制度、性别盲视的公共政策以及传统的社会性别规范等都从不同维度对流动中两性的分异进行了形塑。流动迁移是一个赋权过程，给两性人口平等发展提供了契机，也重塑了传统的社会性别规范，但现实中仍存在性别平等的障碍。新型城镇化给性别平等带来了机遇，需采取多种措施推动性别平等和公正顺利实现。

第二章　流动人口迁移的性别分异

改革开放以来，我国人口流动空前活跃，成为一个突出的社会现象。自1984年《国务院关于农民进入集镇落户问题的通知》发布以来，国家逐渐放宽了对农村人口进入中小城镇的限制，农村流动人口（即农民工）在规模上开始迅速增长。其中，1988年，农民工总量在1.2亿左右。① 2009年，数量达到1.45亿人。② 2011年，数量急剧上升为2.5亿人。截至2016年末，总量达到2.82亿人，其中外出农民工1.69亿人。③ 大规模的农村流动人口并非铁板一块，群体分化严重，其中最明显的区分是性别，即男性流动人口和女性流动人口。在大规模的农村流动人口和几十年的迁移过程中，两性间呈现出显著的差异。

第一节　流动人口个体特征的性别差异

首先，流动人口在个体特征方面呈现鲜明的性别分异。来自不同地区和全国的抽样调查数据都表明，流动人口在年龄、受教育程度、婚姻状况等人口特征方面存在明显的性别差异。这些差异在流动迁移初期表现尤为明显。

---

① 吴俊松：《1980年代农民工总人数约1.2亿75%出自乡镇企业》，《南方日报》2011年7月1日，http://news.sohu.com/20110701/n312188157.shtml。

② 国家统计局农村司：《2009年农民工监测调查报告》，国家统计局网站2010年3月19日，http://www.stats.gov.cn/ztjc/ztfx/fxbg/201003/t20100319_16135.html。

③ 徐博：《全国农民工总量达到2.82亿》，新华网2017年3月14日，http://news.xinhuanet.com/fortune/2017-03/14/c_1120637561.htm。

一、年龄的性别差异

流动人口的年龄存在明显的性别差异，主要表现为女性流动人口的平均年龄低于男性，年轻女性是女性流动人口的主体。

流动人口主要流入地的相关调查显示了这一特征，其中1994年广东省外省农村劳动力的主体是35岁以下的青壮年农民，比例要占70%～80%，其中女性平均年龄低于男性。① 1994年北京的外来人口中，有90%的女性年龄在45岁以下，其平均年龄为26.4岁，比外来男性人口的平均年龄低2.1岁。② 江苏省的一项抽样调查结果表明农村女性劳动力中，20～39岁这一年龄段所占比例高达81.53%，其中20～29岁的外出打工者比30～39岁的高出近10个百分点。③ 2002年，上海农村女性流动人口中，将近一半（48.4%）的人年龄为18～24岁，但是这一年龄群的男性流动人口却不足三分之一（30.4%）。④流出地流动人口的调查也显示出相似的特征。2004年在参与城镇化进程的四川农村女性劳动力人口中，35岁以下女性占86%。⑤ 2006年皖北地区农村劳动力流动抽样调查显示，农村外出务工劳动力在年龄分布上的性别差异是很明显的，绝大部分外出务工者的年龄在45岁以下，女性更趋年轻化，45岁以下外出务工人员占78.1%，高于男性6个百分点。⑥

全国范围流动人口的抽样调查和农民工监测调查数据也都表明，女性流动人口平均年龄低于男性流动人口。中国人口情报研究

---

① 谭深：《农村劳动力流动的性别差异》，《社会学研究》1997年第1期。

② 邹兰春：《北京的流动人口》，中国人口出版社1996版，第33页。

③ 朱秀杰：《农村女性人口流动的约束机制——社会性别视角分析》，《南方人口》2005年第1期。

④ Roberts, K. "Female Labor Migrants to Shanghai: Temporary 'Floaters' or Potential Settlers?" *International Migration Review*, 2002, 36(2): 492－519.

⑤ 李江：《四川农村女性劳动力人口参与城镇化进程的调查与思考》，《四川师范大学学报（社会科学版）》2004年第2期。

⑥ 郁红艳、孙道德：《欠发达地区农村劳动力流动的性别差异与收入——基于皖北农村的实证分析》，《经济问题探索》2008年第6期。

中心农村人口移动课题组据1993年度中国农村劳动力流动情况抽样调查数据计算：中国农村流动人口的年龄构成，18～30岁的年轻人占57.5%，31～40岁的中年人占24.8%，中青年人合计占农村流动人口的82.3%；分性别计算，则大部分农村女性流动人口是18～30岁的年轻人，其比重高达76.6%，31～40岁的中年人占11.9%，中青年流动者占农村女性流动者的比重高达88.5%。[①] 2005年全国1%人口抽样调查数据显示，2005年中国女性流动人口主要集中在15～45岁之间，占全部女性流动人口的73.33%，14岁及以下的女童占女性流动人口的11.79%，占全部流动人口的5.88%。比较男性流动人口和女性流动人口，可以发现男女两性流动人口呈现出不同的年龄结构态势，女性流动人口的年龄结构呈现出以下两个主要特征：第一，女性流动人口更为年轻，就平均年龄而言，女性流动人口的平均年龄是30.04岁，男性流动人口的平均年龄略高，是31.45岁。此外，在15～19岁、20～24岁、25～29岁区间，女性流动人口的数量都远远高于男性流动人口，这三个区间的性别比分别为80.55、75.10和90.35。第二，在15～45岁劳动年龄区间，女性流动人口的集中程度更高，该年龄流动人口的比例，女性为73.33%，男性为68.89%。女性流动人口还有一个特征是，越是远距离流动的女性流动人口，年龄结构越轻。不同类型女性流动人口的年龄构成有较大差异。总体来讲，跨省女性流动人口的平均年龄最低，为28岁；其次是省内跨县女性流动人口的平均年龄，为31.28岁；最高的是县内跨乡镇的女性流动人口的平均年龄，达到31.85岁。年龄分布的集中程度在三类流动人口中也有明显差异。以15～34岁劳动年龄人口在全部流动人口中所占比例为例，三类流动人口所占比例分别为44%、51.9%和65.7%。[②] 2014年流动人口动态监测调查数据表明，

---

① 刘伯红：《农村流动人口与性别——“中国农村劳动力流动国际研讨会”有关论点综述》，《妇女研究论丛》1996年第4期。

② 段成荣、张斐、卢雪和：《中国女性流动人口状况研究》，《妇女研究论丛》2009年第4期。

40 岁及以下的年龄段，女性多于男性，其中 30 岁及以下的女性比例为34.3%，男性比例为 31.9%，31～40 岁的女性比例为 34.8%，男性比例为 33.7%，而 40 岁以上的年龄段中，男性均多于女性（见表 2—1）。整体而言，与男性流动人口相比较，女性流动人口更为年轻。

表 2—1　2014 年流动人口性别与年龄交叉列表①

	30 岁及以下	31～40 岁	41～50 岁	51～60 岁	60 岁以上	总计
男	31.9%	33.7%	25.9%	8.1%	0.4%	100.0%
女	34.3%	34.8%	24.6%	6.0%	0.3%	100.0%

出现这种现象的原因主要有以下几个方面：其一，受传统社会性别观念影响，农村女孩在完成义务教育以后，继续上学的可能性低于男孩，因此受教育水平往往低于男孩，而那些不能上学的年轻女孩往往选择外出务工。其二，城市资本对年轻女性的偏好使然。第三产业尤其是劳动密集型产业和服务行业的蓬勃发展需要大量的年轻女性。与男性相比，女性在这些行业的工作机会更多。其三，传统社会性别观念对女性生命周期的影响。通常，女性在结婚前，与男性的发展没有明显差异。但是一旦进入婚姻，社会性别观念对女性贤妻良母的性别角色期待就促使部分已婚女性回归家庭、回流农村，所以相当一部分女性在结婚后从女性流动人口变为留守女性。

二、受教育程度的性别差异

在受教育程度方面，无论是男性流动人口还是女性流动人口，大多数的受教育程度都为初中。比较而言，女性流动人口的平均受教育水平低于男性。无论是流动人口流入地还是流出地的调查都显示出同样的特征。其中，据中国社科院社会学所 1994 年《来自农村流动女工的报告》分析，珠江三角洲外来工受教育程度的性别比较状况

① 书中 2014 年表格数据都来自 2014 年国家卫计委实施的流动人口动态监测调查数据库。

为:大专:男性 2.4%,女性 1.2%;高中:男性 30.2%,女性 9.0%;初中:男性 60.0%,女性 68.3%;小学:男性 7.1%,女性 20.4%;文盲:男性 6.4%,女性 1.1%,即男性外来工受过高中以上教育的占 32.6%,比女性外来工多 22.4 个百分点。① 苏南地区外来劳动力中女性文化程度也普遍低于男性,男性中高中以上文化程度者占 51.81%,而女性中该比例为 40.87%。② 1994 年北京市流动人口调查显示,女性流动人口平均受教育年限为 7.3 年,比男性少 1.2 年;受过高中以上教育的男性比女性多 5.8 个百分点,男性文盲率远低于女性。③ 2010 年关于安徽省农民工的调查也表明,农民工受教育程度存在性别差异。从总体上看,农民工的受教育程度偏低,小学及以下占到总体的 21.8%,初中程度占半数以上,达到 53%,高中和高中以上的比例分别是 22.2%和 2.9%。通过对性别和教育程度进行交叉分析发现,受教育程度在高中和高中以上的比例,男性农民工(23.7%和3.5%)都大于女性农民工(19.7%和 1.8%)。④ 这说明女性农民工的受教育水平明显低于男性。

来自不同年份的全国抽样数据也显示出相似的特征。其中,1987 年全国 1%人口抽样调查数据显示,从受教育程度上来看,女性在高中及高中以上文化程度者中的比例低于男性,在初中及初中以下文化程度者中的比例高于男性,呈现出随受教育程度增高而人数递减的趋势,这和男性正相反。1990 年全国人口普查显示,男性和女性流动人口的平均受教育年限分别为 9.5 年和 7 年;不足 5%的男

① 刘伯红:《农村流动人口与性别——"中国农村劳动力流动国际研讨会"有关论点综述》,《妇女研究论丛》1996 年第 4 期。

② 钟甫宁、徐志刚、乐敬东:《经济发达农村地区外来劳动力的性别差异研究》,《人口与经济》2001 年第 2 期。

③ 朱秀杰:《农村女性人口流动的约束机制——社会性别视角分析》,《南方人口》2005 年第 1 期。

④ 张学春、张俊:《安徽省农民工务工特征的性别差异研究——基于 756 位农民工的调查》,《赤峰学院学报(汉文哲学社会科学版)》2010 年第 5 期。

性流动人口是文盲,但却有多于15%的女性流动人口是文盲。[①] 1999年人口变动抽样调查数据显示的情况为,初中文化程度的男性占比为55%,而女性仅有9.3%,高中以上文化程度的男性占比为16.6%,而女性仅为0.5%,小学文化程度的男性占比为21.7%,女性为50%,差异仍然显著。到2005年,女性流动人口的受教育程度有所上升,但仍以初中学历最多。在2005年全国1%人口抽样数据中,女性流动人口的受教育程度以初中为主,平均受教育年限仅为8.66年,尚不到初中毕业。在15岁及以上女性流动人口中,初中学历者所占比例最高,达到45.08%,其次是小学学历者,为24.36%,最后是高中学历者,为16.01%。高学历的女性流动比例极低,有大学以上文凭者仅占全部女性流动人口的7.6%。[②] 男性和女性流动人口在受教育水平上有较大差异。男性流动人口的受教育年限达到9.51年,比女性流动人口高了将近1年。不同地区的女性流动人口受教育程度的差异也比较大。北京、上海的女性流动人口的受教育水平最高,平均受教育年限达到9.98年和9.49年,是全国最高的省份。西藏、贵州、内蒙古、新疆等西部地区的女性流动人口受教育水平比较低。女性流动人口受教育水平的不同地区的差异,与当地经济社会的发展水平及其产业结构有很大的关系。2014年全国流动人口监测数据显示,无论男性还是女性流动人口,受教育程度为初中者占比仍然最多,其中男性的比例为53.8%,女性的比例为51.2%,但是两性比较而言,女性流动人口整体的受教育程度明显低于男性流动人口,未上过学和小学学历的女性的比例明显高于男性。其中,未上过学的男性比例为1%,女性为2.4%,小学学历的男性比例为10.9%,女性为14.3%。除了大学专科学历的女性比例略高于男性,受教育程度为研究生的男女比例相当之外,从初中到大学本科的受

---

① He. C. F. and P. Gober. "Gendering Interprovincial Migration in China", *International Migration Review*, 2003, 37(4): 1220—1251.

② 段成荣、张斐、卢雪和:《中国女性流动人口状况研究》,《妇女研究论丛》2009年第4期。

教育程度中，女性比例均低于男性(见表 2—2)。

不只在流动人口中，男性受教育程度普遍高于女性。就全国范围而言，男性受教育程度普遍高于女性也是不争的事实。近些年，受教育状况的性别差异在逐渐缩小，但是仍然存在差距。据国家统计局 2013 年人口抽样调查数据显示，6 岁及以上受教育(包括初中、高中、大专以上学历)人口总数为 989817 万，其中女性受教育人数为 474017 万，男性为 515800 万，女性受教育所占百分比为 47.8%，男性受教育所占百分比为 52.2%。①

表 2—2　2014 年流动人口性别与受教育程度交叉列表

	未上过学	小学	初中	高中	大学专科	大学本科	研究生	总计
男	1.0%	10.9%	53.8%	21.4%	8.3%	4.3%	0.3%	100.0%
女	2.4%	14.3%	51.2%	19.3%	8.7%	3.8%	0.3%	100.0%

三、婚姻状况的性别差异

在流动人口迁移初期，流动人口的婚姻状况呈现出很大的性别差异，男性中已婚者多于未婚者，女性中未婚者多于已婚者，男性未婚者少于女性未婚者，已婚女性所占比例较小。从外出类型上看，未婚女性的流动多为自主性流动，已婚农村女性的流动是从属性流动，即她们的流动受其丈夫流动的影响，通常是丈夫先外出，随后将妻子接出去。与已婚女性相比，未婚的女性往往更容易进行迁移。1993 年上海的调查显示，在迁入的女性流动人口中，将近一半(48%)的女性未婚，而未婚的男性流动人口却只有 36.5%。② 1994 年北京的流动人口调查显示，在北京的流动人口之中，已婚男性比重高于未婚男性；相反，未婚女性却多于已婚女性。1994 年因“恋爱结婚”而流入北京的外来人口中，女性占 65%，而男性占比不到 1/3。从处于婚龄

① 候晓菁:《女性受教育存在的问题及思考》,《人力资源开发》2015 年第 2 期。

② Roberts, K. “Female Labor Migrants to Shanghai: Temporary ‘Floaters’ or Potential Settlers?” *International Migration Review*, 2000, 00(2): 492—519.

的女性的流动活跃性上也可以看出这一点，15～29 岁的女性占总数的 59.8%，其中 20～24 岁的女性最多，占 26.2%；25～29 岁组为 18.8%，15～19 岁组为 14.8%。[①] 1994 年零点调查公司对京沪两地外来农民工的调查显示，两地外来农民工中未婚者与已婚者的比例基本各为 50%，其中未婚女性的比例比男性高一些。1994 年中国社科院课题组对珠江三角洲外来农民工的调查显示，已婚者与未婚者的比例分别是 15.1%和 84.8%，其中未婚女性比例(84.8%)略高于男性(84.4%)。[②] 农业部农村经济研究中心 1994 年的统计也显示，从总体上看，外出劳动力中未婚者多于已婚者，但两者差别不大；但从性别来看，男性外出劳动力与女性外出劳动力的婚姻状况差别较大，男性中已婚者多于未婚者，女性中未婚者多于已婚者。[③]

随着时间的推移和改革开放的深入推进，流动人口的流动迁移从个体化进入家庭化迁移阶段。根据人口普查数据显示，从 1990 年至 2000 年，迁入纯粹外来户的流动人口比例从 7.44% 上升到 46.06%，提高了近 5 倍。[④] 进入 21 世纪，家庭化迁移现象更加明显。根据国家统计局农民工统计监测调查报告，从 2008 年至 2014 年，从相对数量来看，举家外出的农民工占外出农民工的比重没有明显增加，基本维持在 20%多一点的水平，但是从绝对数量看，举家外出的农民工的总量在不断增加，由 2008 年的 2859 万人增加到 2014 年的 3578 万人，6 年间共增加 719 万人，年均增速为 4.19%。[⑤] 第六次人口普查数据显示，独自一人流动者只占家庭户的 26.76%，两代户、三代户则分别占 38.52%和 5.04%，流动人口正从夫妻共同流动阶段

① 朱秀杰：《农村女性人口流动的约束机制：社会性别视角分析》，《南方人口》2005 年第 1 期。

② 谭深：《农村劳动力流动的性别差异》，《社会学研究》1997 年第 1 期。

③ 刘伯红：《农村流动人口与性别——“中国农村劳动力流动国际研讨会”有关论点综述》，《妇女研究论丛》1996 年第 4 期。

④ 周皓：《中国人口迁移的家庭化趋势及影响因素分析》，《人口研究》2004 年第 6 期。

⑤ 段成荣等：《当前我国流动人口面临的主要问题和对策——基于 2010 年第六次全国人口普查数据的分析》，《人口研究》2013 年第 2 期。

迈向核心家庭化阶段。① 在2014年流动人口动态监测调查数据中，近九成已婚新生代流动人口夫妻共同流动，与配偶、子女共同流动的约占60%。② 随着流动人口家庭化迁移趋势的加强，流动人口婚姻状况的性别差异变得不再显著，无论是男性还是女性，已婚者都占据绝大多数。未婚流动人口中，男性比例略高于女性，而已婚流动人口中，女性比例略高于男性。如2005年全国1%人口抽样调查数据显示，未婚流动人口中，男性比例为30.49%，女性比例为27.66%，已婚流动人口中，男性少于女性，其中初婚者中男性比例为66.11%，女性比例为66.52%，再婚者中男性比例为1.6%，女性比例为2.59%。③ 2014年全国流动人口动态监测调查数据也显示出相同的特征，即未婚的男性(23.7%)略多于女性(18.7%)，已婚的女性(初婚的比例为77.1%，再婚的比例为1.4%)略多于男性(初婚的比例为73.2%，再婚的比例为1.2%)(具体见表2—3)。

表2—3　2014年流动人口性别与婚姻状况交叉列表

	婚姻状况					总计
	未婚	初婚	再婚	离婚	丧偶	
男	23.7%	73.2%	1.2%	1.7%	0.3%	100.0%
女	18.7%	77.1%	1.4%	2.2%	0.6%	100.0%

① 陈素琼、张广胜：《城市农民工家庭化迁移模式变迁及其幸福效应——基于CGSS数据的追踪研究》，《农业技术经济》2017年第8期。

② 国家卫计委流动人口司编：《中国流动人口发展报告2016》，中国人口出版社2016年版，第8页。

③ 段成荣、杨舸：《中国流动人口状况——基于2005年全国1%人口抽样调查数据的分析》，《南京人口管理干部学院学报》2009年第4期。

第二节　流动人口迁移数量和因素的性别差异

流动人口在迁移的数量和因素上也呈现出显著不同。两性流动人口迁移的数量随着历史时期的变化而有所不同，由初期的男多女少到男女日趋均等。从迁移因素来看，男性流动人口中经济型流动的比例更高，而女性流动人口中，非经济型流动的比例更高，更多的是婚姻迁移。"养家糊口者"的传统性别角色规范给予了男性更多的生存压力，而女性在这方面的压力明显较小。

一、迁移数量的性别差异

在流动人口迁移初期，男性占绝对多数，女性数量很少。20 世纪 80 年代末、90 年代初，上海、成都、天津等市的调查都表明，流动人口中男性的比例大约为女性的 2 倍或 2 倍以上，大多数城市的性别比在 200 以上，大大高于一般正常人口，迁移人口中男性是主体。①1990 年第四次人口普查显示，全部迁移人口的性别比为 123.1，其中省内迁移的为 119.3，省际迁移的为 139.1，男性均大大超过女性。在 15 岁以上的农村迁移者中，男性占 51.6%，女性占 48.3%。②1992 年 38 万人口调查中的外出人口性别比为 119，同年全国人口性别比则为 104。1993 年中国农村劳动力流动情况抽样调查显示，男性占 81.8%，女性只占 18.2%。如按东、中、西部不同地区分别计算，则流动者的男性优势从东至西不断增强，即东部男性流动者占 78.7%，中部占 80.7%，西部占 86.2%；反之，女性比重由东至西不断减弱，即东部女性流动者占 21.3%，中部占 19.3%，西部占

---

① 赵君丽：《人口迁移的性别选择性与女性移民问题》，《南京人口管理干部学院学报》2002 年第 2 期。

② 张善余、俞路、彭际作：《当代中国女性人口迁移的发展及其结构特征》，《市场与人口分析》2005 年第 2 期。

13.8%。[①] 1995年人口抽样调查数据表明，我国流动人口基本上以男性为主。流动人口中，男性人口占57.64%，女性人口占42.36%，性别比为136，远高于同期全国总人口性别比104。而从年龄来看，除15～19岁年龄组的流动人口中女性多于男性外，其余各年龄组男性均多于女性。[②] 总趋势是随着年龄的增大，流动人口性别比也随之增大。这些数字表明改革开放初期，农村男性迁移速度远远高于女性。男性首先脱离农业生产，流动到城市谋求非农就业；女性则仍留在农村承担起农业生产的重任，农业逐渐呈现女性化趋势。

男性的大量外出造成了"留守妇女"这一特殊社会群体。"留守妇女"，也称"留守妻子"，指丈夫外出后单独或与其他家庭成员居住在户籍地的妇女。在农村劳动力向城市转移的过程中，由于外出劳动力的主体是男性，老人、妇女和孩子留在户籍地，于是农村出现了留守群体。据中国农业大学一项研究显示，全国有8700万农村留守人口，其中有4700万留守妇女。这些留守妇女忍受着与丈夫长年两地分居的孤寂，守着家中的一亩三分地，赡养老人，照顾孩子，一肩挑起全家的重担。"留守妇女"越来越多地承担了大部分的农业劳动。妇女在农业发展中的主体地位也越来越突出，传统的"男耕女织"的性别分工逐步演变成"男工女耕"的新的农业性别分工格局。中国农业大学的一项调查显示：丈夫外出务工后，翻地、播种、施肥、浇水、喷洒农药、收割等种植业劳动主要由妇女承担，占种植业劳动的94.6%，在养殖业劳动中，妇女承担的则占92.4%。[③] 马晓河等(2007)估算2006年在农业从业人员中，男性有12778.74万人，女性

---

① 刘伯红：《农村流动人口与性别——"中国农村劳动力流动国际研讨会"有关论点综述》，《妇女研究论丛》1996年第4期。

② 张为民、李希如、叶礼奇、谢庚、胡英：《中国流动人口状况分析》，《经济研究参考》1998年第57期。

③ 刘晓昀：《农村劳动力就业与流动的性别差异》，社会科学文献出版社2011年版，第43页。

有15852.26万人，男性和女性农业劳动力的比例分别为44.63%和55.37%。[①] 除经济因素外，社会性别规范等文化习俗在谁留守的决策过程中也起到重要作用。文化习俗是长期形成的结构化的行为模式，在一定时期内难以发生改变。在我国农村部分地区，男性在家庭中占主导地位，是承担养家糊口责任的主要劳动力；照料老人、养育子女的任务则通常由妇女承担。留守的决策往往以实现家庭货币收入最大化为最主要的衡量准则，是权衡经济、社会、文化综合条件之后的结果。而在这一过程中，女性一直处于弱势地位。她们的受教育程度、生理特征以及社会性别规范对女性的要求，使她们在劳动力市场上相对男性而言不具备竞争力，也使她们在需要承担照料责任时更有可能放弃城市的工作返回农村。“留守妇女”在家庭生产、心理感受等方面都面临着巨大压力。调查发现，相当一部分“留守妇女”在丈夫外出务工期间，由于与丈夫长期两地分离，彼此之间生活环境的异质性增加，交流沟通减少，得不到丈夫的关怀和爱护，从婚姻中无法获得情感满足，有过消极的情绪与心理体验。46.7%的留守妇女感受到不同程度的害怕，51.9%的留守妇女感到过孤单，34.8%的留守妇女会出现情绪低落，58.5%的留守妇女感到过烦躁焦虑，28.1%的留守妇女有过压抑感，31.1%的留守妇女有过无助感。[②] 第三期中国妇女社会地位调查显示，农村留守妇女担心的主要问题依次是：丈夫在外的安全（91.7%）、家里有事没人商量（61.5%）、老人生病没人帮忙（60.1%）和农忙时没人帮忙（56%）。[③]

随着改革开放的不断深入和城乡迁移的不断扩张，大量农村女性也加入流动大军，成为流动人口，两性在城乡迁移的数量上的差距开始逐渐缩小。在1985—1990年间，有2040万男性和1610万女性

---

① 刘晓昀：《农村劳动力就业与流动的性别差异》，社会科学文献出版社2011年版，第45页。

② 叶敬忠、潘璐、贺聪志：《双重强制：乡村留守中的性别排斥与不平等》，社会科学文献出版社2014年版。

③ 第三期中国妇女社会地位调查课题组：《第三期中国妇女社会地位调查主要数据报告》，《妇女研究论丛》2011年第6期。

进行迁移，与1990年全国人口总数相比，其迁移率分别为3.3%和2.8%。1982年，女性人口因“务工经商”而流动的比例只占14.5%，比男性流动人口的对应比例低26个百分点。到1990年，女性流动人口中的务工经商者上升到33.5%，2000年，48.92%的女性因为“务工经商”而流动。① 十几年来，在社会经济发生巨变的大背景下，中国的人口迁移进入了高速发展期，女性流动人口的发展速度大大超过了男性。2000年第五次人口普查数据显示，在迁移人口中，男性所占比例为50.4%，女性则为49.6%，比例已经趋于相当。② 据2000年第五次人口普查0.1%抽样数据推算，全国女性省际迁移人口数约为1600万人，比第四次人口普查增长2.5倍，而男性只增长了1.85倍。由于统计口径的变动，第五次人口普查的省内迁移数据不能与第四次人口普查直接比较，如按照相同口径做一个大致的推算，则第五次人口普查的女性省内跨县市迁移人口数约为2000万人，比第四次人口普查时增长0.9倍，而男性增幅则不到0.4倍。第五次人口普查前五年全部迁移人口的性别比为91.2，其中省内迁移人口的性别比为85.0，省际迁移为112.0，均比第四次人口普查时大幅度下降。③ 历次全国人口普查显示，自1990年以来，全国女性流动人口规模一直呈现快速上升的趋势。1982年第三次全国人口普查时，全国女性流动人口仅为358万人，到2005年，女性流动人口规模达到7385万人（见图2－1）。在2005年全国1%人口抽样调查数据中，流动人口的性别比已从2000年的107.25下降到100.47，女性流动人口已经占据半壁江山。④ 20余年间，全国女性流动人口增长了

---

① 段成荣、张斐、卢雪和：《中国女性流动人口状况研究》，《妇女研究论丛》2009年第4期。

② 蔡昉主编：《中国人口与劳动问题报告No.4：转轨中的城市贫困问题》，社会科学文献出版社2003年版，第56页。

③ 张善余、俞路、彭际作：《当代中国女性人口迁移的发展及其结构特征》，《市场与人口分析》2005年第2期。

④ 段成荣、张斐、卢雪和：《中国女性流动人口状况研究》，《妇女研究论丛》2009年第4期。

19.92倍，年均增长13.9%。在全部女性流动人口中，省内流动人口占58.15%，达到4294万人；跨省流动人口占41.85%，达到3091万人。2010年第六次人口普查数据显示，男性流动人口占52%，女性流动人口占48%，比例接近。

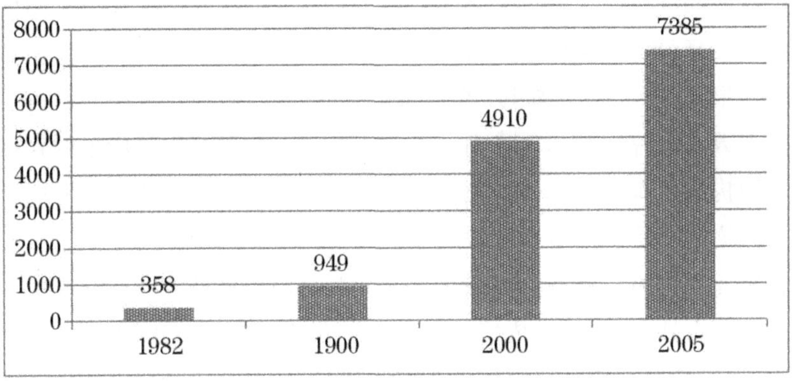

图2—1　中国女性流动人口数量变动趋势(单位:万人)

资料来源：段成荣、张斐、卢雪和：《中国女性流动人口状况研究》，《妇女研究论丛》2009年第7期。

以上数字清楚地说明，近年来中国的女性人口迁移得到了迅猛发展，两性间数量上的差距在逐渐缩小。女性就业尤其是非农就业增长得比男性更快，一个很重要的原因是我国产业结构的调整，劳动密集特别是女性劳动密集的轻工业和第三产业得到了较快的发展。与第四次人口普查相比，第五次人口普查的全部在业人口中，不包括交通运输、仓储及邮电通信业在内的第三产业所占比重由10.6%大幅度上升到16.1%，增量中主要为女性。在全部工业在业人口中，纺织业、服装制造业和电子及通信设备制造业合计所占比重由18.45%上升至20.18%，其主力也是女性。近二三十年来，在珠江三角洲和长江三角洲等地区，成长起一批世界级的大工业基地，随之而来的各种商业、餐饮业和服务业非常兴旺，女性的性别优势才有机会彰显，吸引了大批女性前往就业。越来越多的农村女性加入进城务工队伍，使得原以男性为主的流动人口群体发生变化，男性中心地位受到挑战。

二、迁移因素的性别差异

尽管每个流动人口的迁移原因千差万别，具体的迁移因素有所不同，但是两性群体之间的差异仍然清晰可辨。一般来讲，男性流动人口中经济型流动的比例更高，而女性流动人口中非经济型流动的比例更高，更多的是婚姻迁移。

根据 1987 年全国 1％抽样调查的情况，在婚姻迁移中女性占绝大多数，比例高达 93.3％，性别比低至 7.2。在不同年龄段上的移民性别构成也有规律性的变化：在 15～24 岁组，移民性别比大大低于 100，这主要是由于婚姻迁移规模大，且以女性为主；在 30～64 岁组，移民性别比明显高于 100，表明这一年龄区间男性迁移的活跃程度大大高于女性，是女性在成家后流动性明显下降的一种反映；在 65 岁以上组，性别比略低于 100，女性略占优势；在其他年龄段上的性别比基本接近正常水平。① 1990 年第四次全国人口普查显示，在 15 岁以上的农村迁移者中，男性占 51.6％，女性占 48.3％；迁移者中有职业的是 1422.8 万人，其中男性 54％，女性 46％，总体数量上差异不大。但在因务工经商迁移的 725.4 万人中，男性占 69.4％，女性占 30.7％，两者之比为 2.3 ∶ 1；而在 410.9 万婚迁者中，男性仅占 8.6％，女性高达 91.4％。换句话说，外出的男性有 93.4％为务工经商者，而女性有 62.8％属于婚姻迁移。② 1994 年针对北京的 400 名已婚女性移民的调查发现，84％的人是跟随丈夫或其他家庭成员迁移过来的③，属于从属性流动。2000 年第五次全国人口普查中有关迁移原因的资料分析表明，男性流动人口迁移的最主要原因是从事体力劳动或经商，比例高达 70.6％，女性的相应比例则为 58.5％。

---

① 杨云彦：《人口迁移与劳动力流动的女性主义分析框架》，《中南财经大学学报》2001 年第 6 期。

② 谭深：《农村劳动力流动的性别差异》，《社会学研究》1997 年第 1 期。

③ Roberts，K. “Female Labor Migrants to Shanghai：Temporary‘Floaters’or Potential Settlers?”*International Migration Review*，2002，36(2)：492–519.

女性因为结婚而迁移的占7.1%,远远高于男性的1.2%;为了与家人团聚而迁移的有14%,也高于男性的8%。① 2002年的调查也显示了相似的特征:在工作、务工经商等各种类型的经济原因迁移中男性比例均高于女性,非经济原因如学习、复员转业中男性占绝大多数;而婚迁女性比例均在80%以上,随迁女性比例也高于男性。② 2005年全国1%人口抽样调查数据也显示,与男性相比,女性非经济型流动原因的比重较高。男性流动人口主要表现为经济型流动,务工经商者的比重达到59.47%,随迁家属的比例低于女性流动人口,为11.76%,婚姻嫁娶的比例甚至低至2.94%。女性因务工经商而流动的占43.99%,因婚姻嫁娶原因而流动的比例则为13.22%,女性为随迁家属的比例为16.82%,对比明显(具体见表2—4)。③ 这说明妇女迁移活动以婚迁和随迁为主。

表2—4 2005年流动人口的流动原因与性别交叉列表(%)

流动原因	性别		合计
	男	女	
务工经商	56.47	43.99	50.25
工作调动	3.73	1.62	2.68
分配录用	0.83	0.49	0.66
学习培训	3.89	3.37	3.63
拆迁搬家	5.87	5.08	5.48
婚姻嫁娶	2.94	13.22	8.07
随迁家属	11.76	16.82	14.28

① Liang, Z. and Z. D. Ma. "China's Floating Population: New Evidence from the 2000 Census," *Population and Development Rewiew*, 2004 30(3): 467—488.

② 赵君丽:《人口迁移的性别选择性与女性移民问题》,《南京人口管理干部学院学报》2002年第2期。

③ 段成荣、张斐、卢雪和:《中国女性流动人口状况研究》,《妇女研究论丛》2009年第4期。

续表

流动原因	性别		合计
	男	女	
投靠亲友	7.36	9.25	8.30
寄挂户口	1.92	1.33	1.63
出差	0.38	0.29	0.34
其他	4.84	4.54	4.69
总计	100.00	100.00	100.00

资料来源：段成荣、张斐、卢雪和：《中国女性流动人口状况研究》，《妇女研究论丛》2009年第4期

2014年全国流动人口动态监测数据显示，虽然两性流动原因中占首位的都是“务工经商”，但是男女的比例差异依然明显，男性这一比例高达94.4%，而女性仅为79.3%，相差15.1个百分点，排在第二位的“随同流动”中，男性比例为3.9%，而女性则为17.6%，差异悬殊，女性因婚嫁而流动的比例为1%，男性则仅为0.1%（见表2—5）。可见，女性流动人口中非经济型流动的比重较大，这是社会性别赋予两性在社会和家庭中的责任和角色不同而造成在流动原因上存在明显差异。但无论是男性还是女性，流动的首要原因都是“务工经商”，即为获取经济收入而背井离乡是大多数人流动的主要原因。

表2—5　2014年流动人口性别与流动原因交叉列表

	流动原因							总计
	务工经商	随同流动	婚嫁	拆迁	投亲	出生	其他	
男	94.4%	3.9%	0.1%	0.1%	0.7%	0.2%	0.7%	100.0%
女	79.3%	17.6%	1.0%	0.1%	1.1%	0.1%	0.7%	100.0%

虽然务工经商是两性首要的流动原因，但是将迁移动机细分可以发现，与男性相比，女性的迁移动机更接近于以发展为主，而不是生存所迫。“为生活所迫”而迁移的男性比例为16.1%，女性比例则

为8.1%；因“到城里能多挣些钱”而迁移的男性比例为34.4%，女性比例为20.1%；因为“向往城市的生活方式”而迁移的男性比例则低于女性，男性比例为3.4%，女性比例为11.3%；“为了个人的发展”而迁移的男性比例也显著低于女性，男性比例为9.2%，女性比例为17.8%，男性比女性低8.6个百分点（见表2—6）。社会性别观念中男性的养家糊口者的角色规范给予了男性更大的生存压力，所以在流动迁移过程中，男性更多的是迫于生计外出。女性外出打工尽管也受到了经济压力和城市吸引的双重作用，但并没有像男性一样，背负着沉甸甸的责任与期待。正如澳大利亚国立大学高级研究员、《都市里的农家女》的作者杰华所言，迁移对于男性来说，更多的是一种实现养家糊口责任的途径，而年轻女性在此方面所担当的责任则少了许多，也正因为如此，她们能够在迁移过程中相对“自由”地追求更多的个人目标。①

表2—6　流动人口迁移动机的性别差异表（单位：%）

迁移动机	女性	男性	合计
生活所迫，靠在农村挣的钱无法生活	8.1	15.1	13.1
在农村没有工作机会	38.0	32.3	33.9
躲避在农村惹下的麻烦、责任等	1.9	0.8	1.1
到城里能多挣些钱	20.1	34.4	30.3
向往城市的生活方式	11.3	3.4	5.7
为了个人的发展	17.8	9.2	11.7
别人都外出挣钱，本人也想试试	2.1	4.6	3.9
其他	0.7	0.3	0.4
合计	100.0	100.0	100.0

① 杜平：《男工女工：当代中国农民工的性别、家庭与迁移》，香港中文大学出版社2016年版，第37页。

第三节 流动人口非农就业的性别差异

大部分的农村流动人口从农村流入城市都是出于经济原因，找寻非农就业岗位和收入更高的赚钱机会。非农就业是他们的流动目的和在城市生存的立足之本。研究发现，两性流动人口不仅在人口特征方面有所差异，在流入城市后的行业分布、职业分布、收入水平以及职业流动和社会保障等方面也存在显著不同。

一、行业和职业分布的性别差异

大量研究表明，流动人口的劳动就业存在着明显的横向隔离和纵向隔离。从行业分布来看，女性流动人口多集中于餐饮业、服务业、玩具制造、电子产品等轻工业和商业；而男性则集中在建筑业、重工业和运输业，形成横向隔离。在职位结构上，女性主要分布于生产流水线上，从事技术性不高，简单重复的操作性工作，职位较低，与从事管理或高技术性工作的男性相比，形成纵向隔离。

如 1990 年人口普查显示，迁移人口在进入行业方面存在较为明显的性别差异。男性进入建筑业、交通运输业的比重显著高于女性，进入国家机关、事业单位的比重也明显高于女性；相对而言，女性进入相对集中的行业，则以农业、一般服务业为主(见表 2—7)。按户口登记状况看，非正式迁移的女性劳动力，其进入的部门尤其集中于工业和一般服务业，而进入科教文卫、金融保险等部门的比重相当之低，这种状况和国外劳动力流动中的“非正规部门”现象相似，由于社会因素以及个人因素等多方面的共同影响，从农村流入城市的妇女，往往只能在非正规部门找到工作，其劳动条件、收入水平等普遍较差。据国家统计局《2009 年城市农民工生活质量状况调查报告》显示：在行业分布上，农村女性劳动力的非农就业选择与男性有较大不同。男性农民工从事的职业主要有技术工人、生产工人、建筑工人和专业技术人员，分别占被调查农民工总数的 17.65%、16.66%、

12.99%和8.94%；女性农民工从事的职业依次为各类服务员、生产工人、一般职员及办事员，分别占被调查农民工总数的35.14%、13.27%和10.45%。[①] 国家卫计委2010年下半年流动人口动态监测调查数据显示，男性和女性农民工无论是在行业分布还是职业分布上都存在明显差异。从行业分布来看，男性农民工从事建筑业的比例较高，而女性从事住宿餐饮以及社会服务行业的比重较大；从职业分布来看，男性农民工作为专业技术人员的比例较高，而女性农民工从事服务性工作的比重较大。[②]

表2—7　1990年迁移劳动力行业分布状况(%)

行业	全体	男性就业人口	女性就业人口	非正式迁移女性人口
农、林、牧、渔、水利业	25.86	15.86	40.21	29.87
工业	33.72	35.38	31.34	39.54
地质普查和勘探业	0.67	0.70	0.61	0.83
建筑业	10.41	15.60	2.97	4.29
交通运输、邮电通信业	4.82	7.02	1.66	1.30
商业、公共饮食业、物资供销和仓储业	9.78	9.62	10.02	14.88
房地产管理、公用事业居民服务和咨询服务业	2.79	2.30	3.49	5.22
卫生、体育和社会福利事业	1.38	1.03	1.89	1.00
教育、文化艺术和广播电视事业	4.46	4.35	4.62	1.97
科学研究和综合技术服务事业	0.72	0.87	0.49	0.19
金融保险业	0.76	0.79	0.70	0.15
国家机关、党政机关和社会团体	4.55	6.36	1.95	0.72
其他行业	0.08	0.12	0.04	0.04

资料来源：1000年人口普查1%数据汇总

---

① 刘晓昀：《农村劳动力就业与流动的性别差异》，社会科学文献出版社2011年版，第41页。

② 宋月萍、霍华德：《行业集聚以及职业隔离：农民工工伤保险性别差异及原因分析》，《内蒙古大学学报(哲学社会科学版)》2013年第3期。

2014年流动人口动态监测数据表明，两性的职业分布仍呈现相似的特征，差异比较明显的几个职业中，专业技术人员、装修、运输、建筑中，男性占绝对优势，比例分别为8.4%、5.9%、4.3%、7.1%，女性相应的比例则为4.8%、1.4%、0.6%、1.6%；而在餐饮、家政、保洁、其他商业、服务业人员中，女性则占优势地位，分别为13.8%、1.2%、2.7%、22.6%，男性相应的比例则为9.6%、0.1%、0.5%、13.8%（见表2—8）。

表2—8　2014年流动人口主要职业分布表

现在的主要职业	男	女
国家机关、党群组织、企事业单位负责人	0.6%	0.4%
专业技术人员	8.4%	4.8%
公务员、办事人员和有关人员	1.2%	2.1%
经商	18.2%	19.2%
商贩	5.1%	5.5%
餐饮	9.6%	13.8%
家政	0.1%	1.2%
保洁	0.5%	2.7%
保安	1.9%	0.2%
装修	5.9%	1.4%
其他商业、服务业人员	13.8%	22.6%
农、林、牧、渔、水利业生产人员	3.4%	3.1%
生产	11.9%	14.8%
运输	4.3%	0.6%
建筑	7.1%	1.6%
其他生产、运输设备操作人员及有关人员	4.8%	3.0%
无固定职业	2.9%	2.5%
其他	0.4%	0.5%

来自具体地区的调查也显示出相同的特征。如 1994 年对珠江三角洲乡镇企业外来工的调查表明，男女在职业和工种上有明显的分工，并且在这一分工结构中女性普遍处于偏低的位置。90%的被调查女性是流水线工人，其中一半在外资企业工作，文职、技术工人加起来不足 7%；70%的男性是工人，其中一半在私营企业中，文职和技术工人共占 21.9%。在大城市中外来农民工从事的职业和工种要比工业地区繁杂，但是有些职业也明显与性别有关，比如建筑工几乎清一色是男性。进入北京的 15～44 岁农村男劳动力，有 1/3 在建筑行业工作，而保姆、餐馆服务员、售货员基本是女性，个体摊贩往往是夫妻共同经营且夫主妻辅。① 2003 年江苏省农村女性劳动力流动情况抽样调查显示，女性流入的行业主要集中于纺织和服务业。农村女性劳动力中有近 50%的人流入以服装、针织、纺织、电子配件为主的劳动密集型企业，因为在大量主要依靠手部灵活度的活计中，女性一般占有优势，而且女性更耐得住这种单调、枯燥的劳动。另外有 38%的农村女性劳动力进入了能够发挥女性特长的餐饮、零售、宾馆服务、家政服务等第三产业。其中，有近 12%的农村女性从事会计、文秘、司机等工作。② 2010 年基于安徽省 756 位农民工的调查也显示，农民工从事的行业存在明显的性别差异。男性在建筑业中的比例最高，为 38%，在服务业中的比例最低，为 3.5%；而女性在服务业中的比例最高，为 23%，在交通运输业中的比例最低，为 7.7%。另外，男性在工业中的比例（29.5%）大于女性（21.2%），而女性在批发零售业（18.6%）和住宿餐饮业（11.3%）中的比例大于男性（9.8%和 4.3%）。③

流动人口务工类型的两性差异一方面是由于不同性别的生理差

① 谭深：《农村劳动力流动的性别差异》，《社会学研究》1997 年第 1 期。

② 苏群、刘华：《农村女性劳动力流动的实证研究》，《农业经济问题（月刊）》2003 年第 4 期。

③ 张学春、张俊：《安徽省农民工务工特征的性别差异研究——基于 756 位农民工的调查》，《赤峰学院学报（汉文哲学社会科学版）》2013 年第 5 期。

异所决定的,但另一方面,传统性别分工模式影响了女性的主动择业和用人单位对劳动力的选择。服务业从业人员中女性的比例之高,是传统的社会性别规范和角色期待使然。女性在家庭中的角色使人们给女性形象赋予了顺从、耐心、体贴的符号意义,服务性的工作被视为女性家务劳动在市场和公共领域的延伸,因此由女性来提供服务就显得天经地义、合情合理。而资方对年轻女性的偏好,也同传统文化赋予她们的气质期待相关。服务业"性别消费"的特征凸显出对职业的性别构建。

二、收入水平的性别差异

两性在劳动力市场的横向和纵向隔离直接影响两性就业率、职业稳定性、收入和向上流动的机会。

陈月新的上海流动人口抽样调查的资料显示:男性就业率为95.5%,女性则是82.6%,①男性就业率高于女性。流动人口的收入因性别而存在差异。中国社会科学院社会学研究所"女劳工"课题组1990年对珠江三角洲乡镇企业外来工的调查表明,月收入在300元以下的女性比例高于男性,月收入在500元以上的女性比例低于男性。② 这不是同工不同酬的问题,而主要是由于男女在职业和工种上有明显的分工,并且在这一分工结构中女性普遍处于偏低的位置。2008年皖北的调查数据可以看出,外出务工男性收入水平要比女性高,平均年收入为12020.46元,高出女性1110.62元。③ 根据杨云彦1998年在武汉市所做的一项调查的结果显示,劳动力收入方面的性别差异相当明显,男性平均小时收入约为女性的1.3倍,其中尤以小学、初中文化程度的差距为大。④ 高文书通过2003年7月至9月对

---

① 陈月新:《对流动人口就业中男女平等的思考》,《南方人口》2003年第2期。

② 谭深:《农村劳动力流动的性别差异》,《社会学研究》1997年第1期。

③ 郇红艳、孙迫德:《欠发达地区农村劳动力流动的性别差异与收入——基于皖北农村的实证分析》,《经济问题探索》2008年第6期。

④ 杨云彦:《人口迁移与劳动力流动的女性主义分析框架》,《中南财经大学学报》2001年第6期。

北京、石家庄、沈阳、无锡和东莞五城市的城市外来劳动力及本地居民问卷调查发现，在全部进城农民工中，男性的平均小时工资为4.8元，而女性的平均小时工资仅为3.4元，男性平均小时工资高出女性41%。[①] 2005年全国1%人口抽样调查数据显示，男性的平均月收入达到1139元，而女性只有818元，比男性少300元，差异很大。[②] 2014流动人口动态监测数据显示，收入为1500元以下的女性高出男性13.4个百分点，收入为1501～4000元的男性比例(60.2%)高于女性(39.8%)，收入为4001～7000元的男性比例(77.6%)显著高于女性(22.4%)，收入为7001～10000元的男性比例(77.2%)显著高于女性(22.8%)(见表2—9)。即低收入人群中女性居多，而在中高收入人群中，则男性居多。其中，天津、北京、广州、深圳四城市的两性收入差异都在1000元左右，上海市的两性收入差异更大，为1300元(4958～3658元)。[③]

表2—9　2014年流动人口的收入状况(%)

	1500元以下	1501～4000元	4001～7000元	7001～10000元	10000元以上
男	43.3	60.2	77.6	77.2	73.4
女	56.7	39.8	22.4	22.8	26.6

此外，值得注意的是，即使从事相同职业，男性的收入也普遍高于女性，即同工不同酬。上海市2003年抽样调查资料显示，作为工厂一般职工的男性，其平均月收入为717元，月收入在500元以下的占该职业从业人员总数的16.7%；而女性平均月收入为643元，月收

① 高文书：《进城农民工就业状况及收入影响因素分析——以北京、石家庄、沈阳、无锡和东莞为例》，《中国农村经济》2006年第1期。

② 段成荣、杨舸：《中国流动人口状况——基于2005年全国1%人口抽样调查数据的分析》，《南京人口管理干部学院学报》2009年第4期。

③ 陈志光：《安居乐业 和合能谐——有序推进农业转移人口市民化研究》，经济科学出版社2016年版，第53页。

入在500元以下的占该职业从业人员总数的57.8%。① 厦门市的流动人口研究也表明，性别对流动人口的工资收入产生影响，且是流动人口工资收入差异的主要影响因素。② 徐愫、田林楠研究发现，在由流动人口构成的劳动力市场中存在明显的收入性别差异，在控制人力资本、制度、结构、流动以及人际关系网络等变量之后，女性流动人口的收入是男性的84%，也就是说，约有16%的收入差距是完全由性别因素引起的。人力资本和职业的性别隔离是流动人口性别收入差异中最重要的两个决定因素，分别解释了流动人口性别收入差异的12%和16%，即流动人口的性别收入差异有很大一部分是由男女两性在人力资本和职业的性别隔离方面的差距造成的。其中，人力资本中又以教育年限这一变量的贡献最大。男性流动人口和女性流动人口的收入差异约有8%归因于两性在教育上的不平等。③ 刘林平、张春泥在对决定农民工的工资水平的因素进行分析时发现，在控制人力资本、社会资本和企业制度等变量后，农民工的工资存在较显著的性别差异，女性农民工的工资为男性的85%。④ 罗忠勇则在奥阿克沙卡(Oaxaca)设计的性别差异分解模型和谢宇等人的多元回归分析方法基础之上对工资、工资拖欠、技能培养、辞工自由、日常福利、人身权利、合同签订和社会保险等方面的性别差异进行了研究，并指出女性农民工在工资、辞工自由、日常福利等方面处于劣势，存在较大的性别差异：男女农民工月均工资实际差异为18.54个百分点，净差异为11.13个百分点；在辞工自由方面实际差异是47.7个百分点，净差异是39.59个百分点；在日常福利方面实际差异是5.41

① 陈月新：《对流动人口就业中男女平等的思考》，《南方人口》2003年第2期。

② 戴霞：《流动人口工资收入影响因素中的性别差异——以厦门市流动妇女为例》，《南方人口》2005年第3期。

③ 徐愫、田林楠：《流动人口收入性别差异的实证研究——以苏浙沪三省(市)数据为依据》，《贵州社会科学》2015年第5期。

④ 刘林平、张春泥：《农民工工资：人力资本、社会资本、企业制度还是社会环境？——珠江三角洲农民工工资决定模型》，《社会学研究》2007年第6期。

个百分点，净差异是4.71个百分点。[①]

这种因性别不同而导致的收入差异并非流动人口所独有，在更广阔范围的城市人口中，两性的收入差异也是一直存在的，这表明劳动力市场的性别歧视仍持续存在。

三、劳动待遇和社会保障的性别差异

从流动过程中的劳动保护来看，与男性相比，女性的职业劳动条件较差、待遇较低。一部分女性到了流入地之后，遍尝寻找工作的艰辛。于是，一旦有了工作机会，往往就深感幸运而倍加珍惜，不敢提出什么要求。由于法律意识淡薄，对合法权益的保障所知甚少，所以往往只是与用工方达成口头协议，不知道签订劳动合同。一旦有劳动纠纷或者受伤事件，她们往往极为被动。劳动关系的不确定，劳动权益得不到保障，使得女性流动人口在城市中就业缺乏稳定性。

实践中女性流动人口的社会保障权利容易缺失。一些用人单位要么不给农民工缴纳社会保险，要么只为男性流动人口缴纳保险。如果不得不为女性流动人口缴纳保险，要么只给部分进城务工女性缴纳保险，要么只选择部分险种缴纳，造成女性流动人口社会保障水平较低。其社会保障权利相比城市职工、男性流动人口明显处于劣势。由于女性特殊的生理特点和社会特征，我国的法律法规有很多针对女职工的特殊权益保护规定。例如相关法律明确规定：保护妇女在工作和劳动时的安全和健康，不得安排不适合妇女从事的工作和劳动；妇女在经期、孕期、产期、哺乳期受特殊照顾，不得安排女职工在经期从事高处、低温、冷水作业和国家规定的第三级体力劳动强度的劳动。但现实中企业不执行对女工的特殊保护规定，违反政策的现象时有发生，甚至有些女性农民工被安排到国家禁止妇女从事的危险工种和岗位（如高空、井下、有毒或放射性作业等）上。一些女

① 罗忠勇：《农民工劳动权益的性别差异研究——基于珠三角3000多位农民工的调查》，《中国软科学》2010年第2期。

性流动人口在劳动过程中受到雇主的任意辱骂，甚至被任意搜身。河北大学人口研究所的吕红平等人在2000年对私营企业女工权益保护问题做过一项调查表明，女工在合同的签订、加班的时间、工资、社保、特殊保护等方面的权利都易受到侵害，甚至还会遭受到性骚扰等伤害。① 中国社科院社会学所女劳工课题组对珠江三角洲的农村女劳工劳动时间的调查发现，只有67.4%的工厂能遵守8小时工作制，对加班时间的调查显示，只有2.7%的工厂从不加班，调查对象的日均工作时间为12.05小时，私人企业的劳动时间(平均12.4小时)明显高于其他性质的企业。对劳动条件和环境反映最普遍、最强烈的是噪音，其次是通风状况，再次是粉尘；对厂方为打工者提供生活条件及各类服务设施的调查结果显示，设有职工食堂的占78.6%，设有澡堂的占60.3%，设有医务室的占23.2%，设有文化娱乐室的占16.8%，为职工提供宿舍的占82.3%。而打工者对住房条件的主观看法方面，认为住房条件很好的占11.4%，较好的占51.1%，不太好的占35.9%，很不好的占13.3%。②

大量研究都表明，女性在在业率、劳动时间、劳动条件和劳动待遇领域的各项指标值均低于男性。钱雪飞对1012位城乡迁移农民工问卷调查数据进行的统计分析表明，女农民工工作的稳定性只有男农民工的60.19%；她们遭遇劳动不安全的比例比男农民工稍低；女农民工未签订任何形式劳动合同的比例要比男农民工高8.13%；男女农民工"体质不如从前""遇到失业"的比例虽不存在性别差异，但在女农民工中，这两方面的比例却高达30%、60%；她们遭遇财产不安全的百分比部分与男农民工有差异；她们享受福利的比例较低，在大部分福利的享受上不存在性别差异。③ 2005年全国1%人口抽

① 吕红平：《农民工中的女性群体更需要社会关注》，《郑州大学学报(哲学社会科学版)》2004年第1期。

② 刘伯红：《农村流动人口与性别——"中国农村劳动力流动国际研讨会"有关论点综述》，《妇女研究论丛》1996年第4期。

③ 钱雪飞：《性别差异视角下女农民工城乡迁移个人风险成本的实证研究——基于1012位城乡迁移农民工的问卷调查》，《华南农业大学学报(社会科学版)》2009年第4期。

样数据显示，流动劳动力中女性不在业的比例高于男性，为29.27%，其原因是许多妇女的流动原因是“随迁”，流动的主要目的是为了照顾家人而非就业。男性的不在业比例相对较低，为11.74%，男性在业率高于女性。① 就劳动合同签订情况而言，女性的劳动合同签订率低且单位的承诺不兑现率高。上海的抽样调查显示，在回答现在的工作是否同用工单位签过劳动合同这一问题时，412位女性流动人口中，签过劳动合同者占20.9%，而132位男性的同类数据为45.5%，女性比男性低近25个百分点。用工者招聘时口头承诺但至今未签合同的女性比重达10.2%，比男性的3.8%高6.4个百分点。② 国家计生委2010年下半年流动人口动态监测调查数据显示，男性参与工伤保险的比例总体上比女性高出6个百分点。从性别角度来看，在其他条件不变的情况下，女性获得工伤保险的概率比男性低32.8%，而且与社会服务业相比，建筑业和住宿餐饮业获得工伤保险的性别差异更显著(见表2—10)。不同性别流动人口参保概率之所以存在差异，主要是由“结构性因素”和“水平性因素”导致的。男女农民工就业行业和职业存在结构性差异，无论是出于性别原因的区别对待，还是在人力资本上存在的差异，女性农民工都较难进入一些福利保障较好的行业或职业，而更多地聚集在低层次、低保障的行业和职业，获得社会保障的机会势必少于男性；另一方面，在同一行业(职业)内部，男性农民工的参保比例总体上要略高于女性，这种水平性差异也导致了男女农民工工伤保险总体参与水平的差异。

---

① 段成荣、杨舸：《中国流动人口状况——基于2005年全国1%人口抽样调查数据的分析》，《南京人口管理干部学院学报》2009年第4期。

② 陈月新：《对流动人口就业中男女平等的思考》，《南方人口》2003年第2期。

表 2—10　2010 年农民工参与工伤保险的行业与职业分布及其性别差异(%)

	行业/职业	全体流动人口	男性	女性	男性—女性
行业	制造业	52.05	55.68	47.68	8.00
	建筑业	25.54	25.87	22.88	2.99
	批发零售业	15.38	16.95	14.11	2.84
	住宿餐饮业	15.07	16.25	14.09	2.16
	社会服务业	16.75	19.35	14.27	5.08
职业	专业技术人员	41.80	42.53	39.01	3.52
	商业工作人员	13.59	14.51	12.82	1.69
	服务性工作人员	16.28	17.96	14.88	3.08
	生产运输工人和相关人员	46.84	46.68	47.06	−0.38
总计		33.98	36.61	30.60	6.01

资料来源：宋月萍、霍华德：《行业集聚以及职业隔离：农民工工伤保险性别差异及原因分析》，《内蒙古大学学报（哲学社会科学版）》2013 年第 3 期。

四、职业流动和发展的性别差异

与男性流动人口相比，女性流动人口主动转换工作的频率低，职业流动层次基本上是水平流动，向上流动的机会和频率远小于男性。男性和女性流动人口的打工地区数均集中于 2～3 个，但相比之下，超过 90%的女性流动人口打工地区数在 3 个以下，而超过 30%的男性流动人口打工地区数超过 3 个。① 这说明女性较男性更容易专一于一个城市的工作，一方面是由于受到传统社会提倡的“专一、稳定、踏实”的思想的影响，女性流动者愿意选择在一个地区、甚至一个单位长期工作；另一方面也与男女流动人口不同的就业职业有关，男性流动人口多从事建筑业等流动性较大的工作，而女性流动人口则多

① 曹锐：《流动妇女婚姻质量研究》，上海人民出版社 2010 年版，第 68 页。

集中于劳动密集型工厂、服务业等相对固定的职业。与男性流动人口相比，女性流动人口职业发展中向上流动的机会较少。据金一虹20世纪90年代对浙江3村441个从事非农生产的劳动者的调查表明，男女平均转换工作次数分别为2.33次和1.8次，女性比男性低0.53次；从流向上看，当前从事的职业与初次进入非农产业时相比，从工人中流动出来的男性、女性分别为34人、28人；转向个体经营的分别是22人、20人；进入行政管理层的分别为5人和1人；进入企业管理层的分别为10人和8人。[①] 从这几对数字可以看出女性向上流动人数少于男性。

女性流动人口不但在职业发展水平上低于男性，往往还出现逆向转移，即向农村回流。逆向转移指乡企女工或外出打工女性从企业或城市回到家庭或农村中的情况。外出打工者的主体——未婚女性非农转移和流动的一个重要因素是婚姻，如果她们能在城市里结婚、安家，就可以完成彻底的转移，今后的社会流动机会较大；若没有这种机会，她们在外打工几年后就得回到农村去结婚，由于转移、流动机会小，从而导致向下的社会流动。研究调查表明：外出务工妇女的返乡比例要比男人高得多，同时妇女会比男人更早地退出流动人口的劳动力市场。据农业部农村经济研究所在安徽和四川两省的调查结果显示，回流劳动力占外出或曾外出劳动力的28.5%，占仍外出劳动力的39.9%；其中男性回流者占仍外出男性的34.0%，而女性的这一比例高达53.3%。同时调查结果表明女性回流与婚姻状况有关，在男性外出和曾外出劳动力中已婚者只有三分之一（34.3%）回流，未婚者回流的不到十分之一（仅为8.4%）；女性的这两个比例分别为54.7%和9.9%。[②] 刘鸿雁对女性外出的阶段性以及婚姻进行考察后发现：外出女性群体在达到婚龄后，形成第一次返乡高峰，在

① 金一虹：《非农化过程中的农村妇女》，《社会学研究》1998年第5期。

② 朱秀杰：《农村女性人口流动的约束机制——社会性别视角分析》，《南方人口》2005年第1期。

孩子要上学时形成第二次返乡高峰。①

最终回归农村使得农村外出务工女性处在一种矛盾的边缘状态。按照传统社会性别规范所规定的性别角色，对于未婚男性而言，其婚姻前景很大程度上取决于个人成就，其在个人前途上的努力至少与家庭的需要是一致的，其越是注重个人的发展，在择偶中的选择余地越大，对传统婚姻的适应能力越强。婚姻赋予男性养家糊口者的角色期待又成为其外出寻求非农就业的动力和压力。而对于未婚女性来说，个人的成就与传统婚姻赋予她的角色几乎毫无关系，自由的打工经历提高了她们的自信和对婚姻的期望，同时却使其择偶范围变小。而一旦结婚，传统性别观念对其的规范迫使其更少地为寻求自身发展而外出。所以结婚对于两性的自身发展具有不同的意义，这更明显地体现在流动人口迁移初期。近二十多年来，随着流动人口的数量激增，婚后夫妻双双外出的家庭化迁移情况日渐增多，传统的社会性别规范出现松动，女性因为结婚而回流农村的状况得到一些改变。

第四节　迁移差异背后的社会性别因素

流动人口的迁移过程呈现出显著的两性差异，除了家庭因素、制度因素、个人因素，其背后还有不可忽视的社会性别因素。从表面看，这可能是由于男性比女性拥有更多的知识、技能、财富、收益或是更大的决策权的结果，但深究其缘由，或多或少都与社会性别有关。在利用和控制资源上的性别不平等，使女性处于发展进程中的劣势。这种分配的不公正，往往又是通过一定社会文化中形成的有关两性的社会行为、角色特征及其相应的社会关系结构，从而被规范化和制度化的。即使在市场经济迅速发展的今天，传统社会性别观念依然

① 张照新、宋洪远：《中国农村劳动力流动国际研讨会主要观点综述》，《中国农村观察》2002年第1期。

存在，影响着人们的生活，尤其是对农村。基于社会性别建构理论，社会性别包含四大维度：性别差异、性别规范、性别分工和性别身份。[①] 流动人口迁移差异背后的社会性别因素也可以从这四方面来分析。

一、性别规范因素

巴特勒（Butler，1999）认为性别规范是“二元的异性恋互补理想”，是男性气质和女性气质的理想。[②] 我国传统的男性气质要求男性勇敢、具有冒险精神，事业成功，能够养家糊口，而传统的女性气质要求女性温柔、善解人意，要做贤妻良母，以家庭为中心。这种传统的性别规范对农村的影响较深，在人口流动初期阻碍了农村女性与男性同等地转移、流动。首先，传统男性气质的期待迫使男性为了养家糊口，为了改善家庭经济条件而纷纷外出寻求非农就业，而传统女性气质的期待则认为家庭才是女性的天地，女性的工作就是照顾家庭、养育孩子，所以在非农转移过程中，女性往往滞后，且常常逆向转移，回归农村。其次，传统性别规范中女性往往依附于男性，所以女性的经济社会地位较低，更多地把婚姻看成未来生活的保障，希望通过婚姻提高自己的经济和社会地位。第二期妇女地位调查结果显示，持“干得好不如嫁得好”观念的女性的比例在城乡均要高于男性，其中农村女性的认可率最高，达到了 38.5%。[③] 从全国范围来看，婚姻迁移者中的绝大多数是农村妇女，且她们中绝大多数的婚姻迁移是从农村到农村的迁移。[④] 对于落后地区的一些女性而言，通过婚配嫁到相对富裕的地区来改变自身经济状况是既现实又无奈的选

---

① 蔡玉萍、杜平：《不平等中的不平等：社会性别视角下的中国农民工》，香港亚太研究所 Occasonal Paper No. 214，2011 年。

② 蔡玉萍、杜平：《不平等中的不平等：社会性别视角下的中国农民工》，香港亚太研究所 Occasional Paper No. 214，2011 年。

③ 朱秀杰：《农村女性人口流动的约束机制——社会性别视角分析》，《南方人口》2005 年第 1 期。

④ 谭琳：《目前中国女性婚姻迁移的态势和特点》，《南方人口》1998 年第 2 期。

择。总体上看，女性人口的婚姻流向的总特征是从落后的农村地区流入较富裕的地区，总趋势是从西部边远的农村贫困地区向东部经济较发达的地区流动。①

二、性别差异因素

社会性别中的性别差异指的是社会赋予男女不同的意义——是关于男性气质（masculinity）和女性气质（femininity）的定义和相关行为规范。性别差异是男性气质和女性气质这二元对立概念的基础，可划分为两个相互关联的概念：假设性的差异和实际观察到的差异，两者的关系，我们认为要从一个结构化的角度去理解。如果父母已假设男孩比女孩能干，那么一个理性的决定当然是把有限的资源投放在比较能干的那个人（即儿子）的教育和事业发展上。如果这一假设被系统化地嵌入价值体系和行为规范内，并被普及化，那么很多父母会选择投资在儿子而非女儿的教育和事业发展上，造成系统性的男女差异——男性不仅教育程度高于女性，事业发展也较女性良好。这一差异一旦成为一个固有模式，它将发展成具有独特变量的社会处境，在男女的教育和事业发展上进一步提供不均等的机会、条件和空间，并为本无依据的假设——男孩能力比女孩高——提供了有力的证据。

社会性别实践中，部分家庭仍有差别性地对待男女，尤其是在家庭可投入教育的资源相对稀缺的情况下，性别差异就表现得更为明显，女孩在教育资源获得上处于不利地位，导致部分农村女性受教育水平低，从而影响其转移与流动。研究发现，农村家庭在女性受教育问题上存在的传统观念比城镇家庭更为突出，仍有部分农村家长认为女性上学没用，农村女性更可能因为家庭原因而非个人原因丧失接受教育的机会。② 另一方面，依据目前可见的对教育效益的认识，

---

① 程广帅、万能：《农村女性婚姻迁移人口的成因及影响》，《西北人口》2003年第4期。

② 史凯亮、刘云杉：《新时期中国妇女教育与社会地位——基于第三期中国妇女社会地位调查数据》，《中国妇运》2014年第5期。

女性的平均收入均低于男性，降低了家庭对女性教育回报的预期。人们对男孩教育的重视程度高于女孩。第二期妇女地位调查结果表明，未能继续升学的女性中，父母不让上的占36.8%，比男性高8.9个百分点。虽然"家境困难"同样都是父母不让子女继续上学的主要原因(男性占69.8%，女性占68.1%)，但父母认为女孩上学没有用的达9.1%，比男孩高5.6个百分点。[①] 据第三期妇女社会地位抽样调查显示，农村女性平均受教育年限为5.9年，农村男性为7.3年。[②] 可见，农村女性的平均受教育年限远低于农村男性，在流动中处于劣势。据统计，2000年高等教育在校生中女生比重为39.9%，高中阶段在校生中女生比重为46.8%，而在农村中该方面的差异更是悬殊。教育是社会成员流动的一个重要砝码，也是农民非农转移时可以利用的有效资源。现代社会中教育与职业流动之间的关系越来越紧密，一个人受教育水平越高，越有可能自由转换职业。由于农村男女在受教育水平上的差异，使其在非农转移以及就业机会的获得等方面具有很大差别。农村女性较之于男性而言，文化程度低，专业技能少，竞争力弱，一旦离家进入新领域，就业选择空间有限，大多从事着技术含量较低、简单重复的操作性工作，职业层次相对单一，总体上向上流动的机会不多。选择机会、向上流动的机会等方面的局限又直接带来了与男性的收入差异。

两性在社会资本获取方面存在性别差异。社会资本是个体通过社会联系摄取稀缺资源并由此获益的能力。[③] 个人的社会关系网络是外出务工者生存和发展的重要的社会资本，"是决定他们在城市中的收入和经济地位的最重要因素之一"。[④] 对于农村流动者而言，社

---

① 朱秀杰:《农村女性人口流动的约束机制——社会性别视角分析》,《南方人口》2005年第1期。

② 史凯亮、刘云杉:《新时期中国妇女教育与社会地位——基于第三期中国妇女社会地位调查数据》,《中国妇运》2014年第5期。

③ 边燕杰等:《企业的社会资本及其功效》,《中国社会科学》2000年第2期。

④ 赵延东、王奋宇:《城乡流动人口的经济地位获得及决定因素》,《中国人口科学》2002年第4期。

会关系网络还是获取信息的重要来源。社会关系网络基于血缘、亲缘、地缘或业缘的交织，每个人都有一份属于自己的社会资本。组成家庭后，男性以前的社会关系网络不仅不会受到影响，而且还会扩大，获取和占有更多的社会资本，而女性却相反，同时在关系的强弱上存在着差别。由于农村社会中"从夫居"的思想依然存在，女性的言行受外界规范约束，女性结婚后往往会减少同以前的朋友或同学的往来，丈夫的父母和亲友则是获取帮助的主要对象。更重要的一点是，家务劳动对女性获取有价值的社会资本产生了更多的负面作用，这表现在两个方面：时间上，已婚的农村女性将大部分时间和主要精力都投在了家庭上，缺乏与外界的交流；空间上，繁重的家务劳动将农村女性的活动空间主要限制在家庭内，缩减了活动半径。因此男性在社会资本的获取、占有和使用上处于强势地位，女性处于相对弱势地位。这种状况的存在降低了已婚女性流迁的机会，而且由于家务劳动的羁绊，更多的女性回归家庭。加之，在劳动力市场中女性的权益更易受到侵犯，因此"在相似的男女群体中，外出务工妇女的返乡比例要比男人高得多，同时妇女比男人更早地退出流动人口的劳动力市场"。①

三、性别分工因素

帕森斯(Parsons，1942)认为性别分工是指成年人的性别角色分工——男性被赋予家庭经济提供者的角色，要专注事业发展；而女性则被赋予家庭照顾者的责任，要为丈夫和儿女奉献自己。② 性别分工不只为性别展示提供合适的场景，它更影响个体获得资源和权力的机会和社会地位，是社会分层的主要机制之一。性别分工即按性别的差异进行社会分工，使两性在社会公共领域和家庭私人领域从

① 白南生、何宇鹏等：《回乡，还是外出？——安徽四川二省农村外出劳动力回流研究》，《社会学研究》2002 年第 3 期。

② 蔡玉萍、杜平：《不平等中的不平等：社会性别视角下的中国农民工》，香港亚太研究所 Occasional Paper No. 214，2011 年。

事不同的活动，承担不同的责任。

传统的性别分工对两性的职责范围有着明确的划分——男主外、女主内。在此分工模式的支配下，女性扮演着家庭成员的照顾者和家务劳动主要承担者的角色。较之于在家务农，外出务工无疑被农民视作是更具发展性的选择，而这种选择又受制于多种因素的影响，农民外出务工是亦得亦失的，外出和家里都需要兼顾的时候，外出发展的机会往往优先给予男性。传统的性别角色分工使农村女性非农转移滞后，社会流动受阻。在家庭这个私人领域内，女性作为家务劳动主要承担者的身份并没有发生彻底改变。据 1990 年全国第一次妇女社会地位抽样调查显示，农村妻子做家务劳动的比例比丈夫多 50 个百分点。[①] 虽然近年来两性共同操持家务的百分比有所上升，但农村女性家庭主妇的角色并未改变，农村女性从事家务劳动的时间仍然多于农村男性。第三期妇女社会地位调查显示，农村男性在业者工作日平均家务劳动时间为 50 分钟/天，农村女性在业者工作日平均家务劳动时间为 143 分钟/天。这样的家庭劳动分工，不仅使农村女性由于家务劳动繁多而难以实现非农转移，而且转移出的已婚女性在流动中往往处于从属、次要的地位。农村女性由于从事繁重的家务劳动，包括一些副业如养鸡、养猪等，没有精力在顾家的同时外出打工，所以她们比男性更可能留在农村，形成非农转移滞后，农业女性化的局面；转移出来的乡企女工尽管进入社会公共领域，在经济上获得了清楚可计的收入，部分摆脱了对家庭的依赖，但是繁重的家务却占用了她们太多的时间与精力，她们在工作的同时，不得不照看孩子、照顾老人、洗衣做饭；相对而言，男性很少被家务劳动的拖累，不必在工作的同时考虑家里的杂事，由于有妻子的支持，他们可以全身心地投入工作，会取得较大的成绩，将向上流动的机会变成现实。农村女性非农转移与向上流动的机会就这样在不知不觉中被家务劳动"蚕食"掉了，所以正如高小贤所说，这是"以牺牲女性

① 沙吉才：《当代中国妇女地位》，北京大学出版社 1995 年版，第 106 页。

的发展为代价，换取男性社会价值的最大限度实现”①。相关研究发现，农村女性劳动力中，已婚者比未婚者外出的概率小23.76%，农村女性流动人口中以未婚和家中没有学龄前儿童的已婚女性为主。②可以清晰地看出，女性在性别分工中所承担的生育、哺育子女和持家的任务对农村女性的外出务工行为具有决定性的影响。传统的性别分工限制了农村女性外出务工的行为选择，使得女性在流动中处于被动地位。

性别分工除了存在于家庭领域，同样存在于劳动力市场中，劳动力市场的性别分工是家庭领域性别角色分工在社会公共领域的延伸。一般认为女性身体素质差，文化程度低，技术开发前景不如男性，同时女性抗疲劳能力以及对单调工作的忍耐力比男性强，于是劳动力市场的性别分工出现。劳动力市场的性别分工指劳动力市场中存在“女性职业”与“男性职业”。“女性职业”指一些操作性强、较单调、不需要太多技术的职业以及与家庭劳动分工类似的餐饮、保姆等工作；“男性职业”主要指一些需要体力、具有挑战性的工作，如建筑、管理等职业。谭深(1997)的调查研究显示：女性收入水平比男性低，主要不是同工不同酬，而是不同工的问题。③ 相对于男性农民工而言，女性更容易集中在低层次的职业和行业中，直接导致外出务工女性的工资低于男性。与此同时，女性的人身权益更易受到侵害，既有工资等经济方面的权益难以保障，又可能遭遇性骚扰、性侵犯等身体和精神上的侵害。除此之外，女性获得培训和晋升等发展性的机会少于男性。可见，基于社会性别分层、社会性别角色而建立的劳动力市场，体现着性别分层、性别隔离，进而直接限制了农村流动女性自身的发展。

---

① 高小贤：《当代中国农村劳动力转移及农业女性化趋势》，《社会学研究》1994年第2期。

② 冯晓燕、侯国凤：《社会性别视角下的农村女性劳动力的流动》，《科技创新导报》2008年第19期。

③ 谭深：《农村劳动力流动的性别差异》，《社会学研究》1997年第1期。

家庭与劳动力市场两个领域内的性别分工的影响不是呈隔断、独立状态，而是连续一致、互为影响的。一方面，性别规范与差异影响了家庭领域内各种有价值的资源获取和占有上的男性偏好，降低了处于弱势地位的女性的个人素质和能力，而且内化为女性对自身价值的判断，降低了女性的自信，这样在劳动力市场中无论在教育、技术、心理上女性都处于弱势地位。另一方面，由于生育是多数女性的必经阶段，女性要承担更多的家务劳动，加之人们对女性抱有的成见，如工作积极性低、工作能力不强、接受能力弱等，因此企业在招聘时倾向于男性，而解聘时倾向于女性，而且女性的工资和福利要低于男性，这种状况回馈到家庭领域，降低了家庭对女性的事业发展和经济期望值，从而对女性的教育等各种资源的投入产生负面影响。

四、性别身份因素

性别身份是自我的性别认同过程。农村女性自身的性别认同即性别身份意识影响其转移与社会流动。社会化是社会上每个人都必须经历的过程，除教会社会成员生活技能与知识外，它最重要、最显著的成果之一，就是将社会的性别规范内化到其成员的观念中，形成性别身份，在不自觉中制约人们的行为。男性流动人口的身份认同使其更愿意冒险、进取，往往更加频繁地更换工作，寻求更好的发展机会和更高的收入。不少男性受访者用“闯”和“博”来描述他们外出打工的动机，这些充满男性气质的语言符号，诠释出外出打工所蕴含的男性化抱负。① 而农村女性的性别身份使其一般比较保守，安于现状，害怕竞争、风险，相对缺乏创新意识和积极进取精神，因而外出流动的动机不强。另一方面，她们家庭观念较强，对就业、流动的期望低于找个理想可靠的丈夫和建立温馨家庭的期望。外出打工的未婚农村女性的定位是自主地发展和寻找一个城里人作为终生的依

---

① 杜平：《男工女工：当代中国农民工的性别、家庭与迁移》，香港中文大学出版社2016年版，第37页。

靠，在向往的城里建立一个幸福的家庭，因此她们的流动会随着将来婚姻状况的变化而变化，或在城市安家，或回到农村，很少顾及自身，心安理得地处于次要地位而不自知。而对于已到流入地的女性农民工来说，当自身权益受到侵害时，她们往往缺乏维护自身权益的意识，这也是两性在劳动待遇和社会保障方面存在差异的重要原因。

本章小结

在迁移流动过程中，流动人口在个体特征的流动数量、流动原因、非农就业等方面都存在明显的性别差异，而且这些差异有历时性的变化。在流动人口迁移初期，两性差异表现尤为明显。其一，存在个体特征的差异。在年龄上，女性流动人口的平均年龄低于男性，年轻女性是女性流动人口的主体。在受教育程度方面，大多数流动人口的受教育程度为初中。比较而言，女性流动人口的平均受教育水平低于男性。在婚姻状况方面，在迁移初期，流动人口的婚姻状况呈现出很大差异，男性中已婚者多于未婚者，女性中未婚者多于已婚者，女性未婚者多于男性未婚者，已婚女性所占比例小。从外出类型上看，未婚女性的流动多为自主性的流动，已婚农村女性的流动是从属性流动。其二，迁移数量和因素存在差异。在流动人口迁移初期，男性占绝对多数，女性数量很少。尽管具体的迁移因素有所不同，但是两性群体之间的差异仍然比较显著。一般来讲，男性流动人口中经济型流动的比例更高，而女性流动人口中，非经济型流动的比例更高，更多的是婚姻迁移。虽然两性流动的首要原因都是务工经商，但是将迁移动机细分可以发现，与男性相比，女性的迁移动机更接近于以发展为主，而不是为生存所迫。其三，非农就业的差异。表现在行业和职业分布上，流动人口的劳动就业存在着明显的横向隔离和纵向隔离。从行业分布来看，女性流动人口多集中于餐饮业、服务业、玩具、电子等轻工业和商业领域，而男性则集中在建筑业、重工业和运输业等领域，形成横向隔离。在职位结构上，女性主要分布于生产流水线上，从事技术性不高、简单重复的操作性工作，与从事管理或高技术性工作的男性相比，职位较低，形成纵向隔离。在就业率上，男性的就业率显著高于女性，表现在收入上亦是如此，既存在因不同工种产生的收入差异，也存在同工不同酬的问题。在劳动待遇和社会保障方面，与男性相比，女性的职业劳动条件差、待遇低、权益无保障问题更为严重，劳动合同、劳动条件和待遇、社会保障等各项指标值均低于男性。在职业流动和发展上，女性流动人口主动转换工作的比例较低，职业流动层次基本上是水平流动，向上流动的机会和频率远小于男性，往往还出现逆向转移，即向农村、向家庭回流，向下流动的机会大。

随着改革开放的深入推进和城乡迁移的不断扩展，大量农村女性加入流动大军，两性无论在流出数量、人口基本特征等方面的差距都在缩小。如在流动数量上，女性已经占据半壁江山；婚姻状况的性别差异也变得不再显著，无论是男性还是女性，已婚者都占据绝大多数。未婚流动人口中，男性比例略高于女性，而已婚流动人口中，女性比例略高于男性。这表明流动给传统的社会性别规范带来了冲击，曾经束缚女性外出的那些性别规范正在慢慢变化、消失。社会性别规范虽然具有一定的稳定性，但是也会随着经济社会的发展而变化，并非孤立静止、一成不变。

第三章 流动人口社会融合的性别区隔

流动人口在从农村流向城市的过程中存在诸多性别差异，包括数量、过程、就业、收入等，在流入城市之后的工作生活、社会融合过程中也同样存在显著不同，可以称之为“性别区隔的社会融合”。本章主要运用2014年全国流动人口动态监测数据，对两性流动人口的社会融合状况及程度差异进行统计分析。

一、社会融合概念与研究方法

社会融合(social inclusion)作为一个社会政策概念起源于欧洲学者对社会排斥的研究。遭受社会排斥的群体主要是弱势群体，他们往往处于社会的最底层，受到的社会排斥通常以不同阶层间的排斥与疏离以及存在于人与人之间、群体与群体之间的社会距离等作为表征。社会融合是个体和个体之间、不同群体之间、或不同文化之间互相配合、互相适应的过程，并以构筑良性和谐的社会为目标。[①]我国关于流动人口问题的早期研究多探讨流动人口自身的特点、流动的原因、宏观社会经济后果等。20世纪90年代中期以后，学者开始关注流动对流动者及其家庭的影响，其社会融合问题也提上了研究日程。虽然很少有研究冠之以“融合”或“融入”之名，使用的具体指标不一致，但很多学者从多个视角探讨了流动人口在流入地的适应情况。如田凯(1995)提出流动人口适应城市生活的过程，实际上

① 任远、邬民乐:《城市流动人口的社会融合:文献述评》,《人口研究》2006年第3期。

是再社会化过程，必须具备三个方面的基本条件：首先，在城市中找到相对稳定的职业；其次，这种职业带来的经济收入及社会地位能够形成一种与当地人接近的生活方式，从而使其具备与当地人发生社会交往，并参与当地社会生活的条件；最后，由于这种生活方式的影响和与当地社会的接触，使其可能接受并形成新的、与当地人相同的价值观。因此流动人口社会融合包括三个层面：经济层面、社会层面、心理层面或文化层面。① 朱力把进城农民工的适应也划归为三个依次递进的层次，即经济层面、社会层面和心理层面：进城农民工从农村来到城市，首先必须找到一份相对稳定的工作，获得一份相对稳定的收入，才能在城市中生存下去，经济层面的适应是立足城市的基础；在完成了初步的生存适应之后，新的生活方式和社会交往是进城农民工城市生活的进一步要求，它反映了进城农民工融入城市生活的广度；心理层面上的适应是属于精神上的，它反映出进城农民工对城市化生活方式等的认同程度。② 杨黎源认为，邻里关系、工友关系、困难互助、社区管理、风俗习惯、联姻结亲、安全感、定居选择 8 个视角是分析流动人口社会融人的切入点。③ 张文宏、雷开春借鉴国外移民研究的经验，结合中国的具体情况，采用探索性因子分析法，利用 14 个主观和客观指标考察了上海地区的城市新移民社会融合结构，包括本地语言掌握程度、熟悉本地风俗程度、接受本地价值观念的程度、职业稳定程度、亲属相伴人数、本地户籍状况、本地人身份认同程度、社会交往范围、社会心理距离、日常交往人数、社会满意度、职业满意度、住房满意度、添置房产意愿。④ 王桂新等主张，流动人口在流入地的社会融合包括心理、身份、文化和经济等因素，他们进而从住房类型及住所生活设施分析农民工住房条件的市民化，从

① 田凯：《农民工城市适应性的调查分析与思考》，《社会科学研究》1995 年第 5 期。

② 朱力：《论农民工阶层的城市适应》，《江海学刊》2002 年第 6 期。

③ 杨黎源：《外来人群社会融合进程中的八大问题探讨——基于对宁波市 1053 位居民社会调查的分析》，《宁波大学学报（人文科学版）》2007 年第 7 期。

④ 张文宏、雷开春：《城市新移民社会融合的结构、现状与影响因素分析》，《社会学研究》2008 年第 5 期。

工作状态及职业类型分析经济生活的市民化，从农民工在上海的交往网络、子女的交往对象及单位的参与活动分析社会关系的市民化，从对流入地的感情等多个参数分析心理认同的市民化。① 杨菊华对1990年中期以来影响较大的流动人口社会融入研究成果进行了总结，并在社会融入理论的指导下，进一步深入探讨和构建了一个流动人口在流入地社会融入的指标体系。该指标体系由三级因素构成：社会融入概念下辖经济整合、行为适应、文化接纳和身份认同等四个维度（第一级），维度下辖工作环境、收入水平、人际交往等16个具体指标（第二级），指标下辖可以直接测量的若干变量和参数（第三级）。②

关于流动人口定量研究的分析很多，但目前还没有形成一个统一的社会融合结构维度的观点。本研究鉴于所用调查问卷（2014年流动人口动态监测调查问卷）中指标的可得性，主要采用田凯和朱力关于流动人口社会融入的界定，将流动人口的社会融合问题分为经济层面、社会层面、心理层面三个层面来探索，这三个层面也是获得大多数流动人口社会融合研究认可的。本研究将选取各个层面的主要指标，通过描述统计和赋值比较，从定量角度上衡量流动人口的社会融合情况，并进一步比较男女流动人口的社会融合程度。

二、流动人口社会融合主要指标的性别区隔

本研究所选的社会融合测量指标如表3－1所示。一级指标为经济层面、社会层面、心理层面。经济层面的二级指标包括就业、收入和支出，社会层面的二级指标包括社会支持、人际交往和社会参与，心理层面的二级指标包括融入意愿和身份认同。三级指标则包括是否就业、就业单位性质、就业身份、日工作时间、月总收入、食品支出、社会保障、劳动合同、就医状况、居民健康档案、休闲娱乐、未来

---

① 王桂新、沈建法、刘建波：《中国城市农民工市民化研究》，《人口与发展》2008年第1期。

② 杨菊华：《流动人口在流入地社会融入的指标体系——基于社会融入理论的进一步研究》，《人口与经济》2010年第2期。

打算等(见表 3—1)。

表 3—1　社会融合测量指标体系

一级指标	二级指标	三级指标
经济层面	就业	是否就业
		就业单位性质
		就业身份
		日工作时间
	收入	月总收入
	支出	食品支出
社会层面	社会支持	社会保障
		劳动合同
		就医状况
		居民健康档案
	人际交往	与本地人相处融洽度
		与邻居来往程度
	社会参与	社会组织参与
		社区活动参与
心理层面	融入意愿和身份认同	休闲娱乐
		社区融入意愿
		未来打算
		身份认同

(一)经济层面

经济层面的融合是流动人口社会融合的基础和关键,流动人口经济层面的融合情况可以以就业和收入支出状况为主,从是否就业以及就业稳定性、就业性质、工作强度、收入以及获得收入是否稳定、家庭主要支出等方面建立指标,来反映流动人口在经济层面上的融合程度。下面首先对各个指标进行基本描述分析。

1. 就业

就业是获得经济收入的根本途径，衡量流动人口在城市经济层面的情况可以从是否就业、就业稳定性、就业身份来进行评价，在这里选取“今年‘五一’节前一周是否做过一小时以上有收入的工作？”“您现在的主要职业是什么？”“您现在的就业身份属于哪一种？”“您现在的就业单位性质是什么？”以及“上个月（或上次就业时）平均每天工作时间”几个问题进行分析。

在对“今年‘五一’节前一周是否做过一小时以上有收入的工作”这一问题的回答中，两性对比异常明显，回答“是”的男性比例显著高于女性，为62.7%，而女性的比例为37.3%，而回答“否”的女性比例则显著高于男性，为71.5%，而男性的比例为28.5%（见表3—2）。

表3—2　两性是否就业的比较表

今年“五一”节前一周是否做过一小时以上有收入的工作？	男	女
是	62.7%	37.3%
否	28.5%	71.5%

在主要的职业类型中，国家机关、党群组织、企事业单位负责人、专业技术人员、经商和商贩中，男性比例远远大于女性；运输、建筑和保安业中男性更是占绝大多数，女性则寥寥无几；而家政和保洁行业中女性则占绝大多数，男性极少，差异极为显著（见表3—3），所以男女职业类别有明显的不同。

表3—3　主要职业与性别交叉列表（%）

职业类型	男	女	合计
国家机关、党群组织、企事业单位负责人	67.9	32.1	100.0
专业技术人员	74.4	25.6	100.0
公务员、办事人员和有关人员	49.0	51.0	100.0
经商	61.5	38.5	100.0
商贩	61.1	38.9	100.0

续表

职业类型	男	女	合计
餐饮	53.9	46.1	100.0
家政	17.3	82.7	100.0
保洁	23.1	76.9	100.0
保安	95.0	5.0	100.0
装修	87.3	12.7	100.0
其他商业、服务业人员	50.7	49.3	100.0
农、林、牧、渔、水利业生产人员	64.6	35.4	100.0
生产	57.4	42.6	100.0
运输	92.7	7.3	100.0
建筑	88.2	11.8	100.0
其他生产、运输设备操作人员及有关人员	72.8	27.2	100.0
无固定职业	66.4	33.6	100.0
其他	57.3	42.7	100.0

在就业单位性质方面，共分为五大类，分别为国企或集体企业、外企（包含中外合资企业）、私营企业、个体户、土地承包（包含无单位）。在土地承包（包含无单位）、国企或集体企业中，男性比例多于女性，在个体户、私营企业、外企（包含中外合资企业）中，女性比例多于男性，$p<0.001$，差异显著（见表3－4）。

表3－4　两性就业单位性质（%）

单位性质	男	女
土地承包（包含无单位）	14.2	10.0
个体户	41.5	45.8
私营企业	30.9	31.6
外企（包含中外合资企业）	3.9	5.3
国企或集体企业	9.5	7.5

流动人口的就业身份也在一定程度上反映出流动人口的社会融合程度，将就业身份分为雇主、自营劳动者、雇员三种类型，一般是雇主等身份的人就业水平较高，经济层面融合程度与自营劳动者和雇员相比较高，而自营劳动者也掌握着一定的自主权，社会融合度相比雇员要高一些。从图 3－1 可以看出，无论是雇员、雇主还是自营劳动者，男性的比例均远远超过女性，性别差异显著。

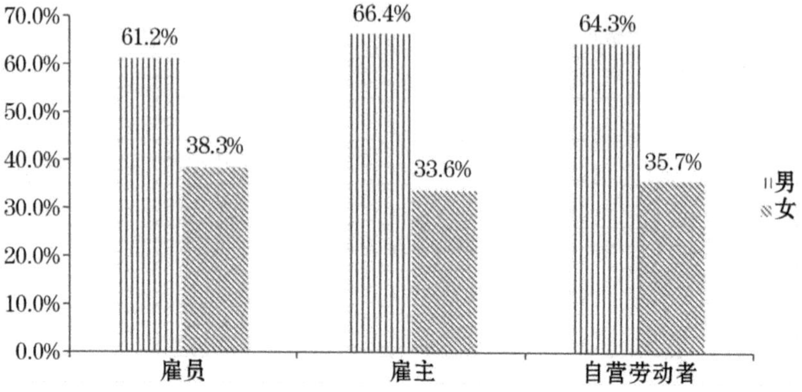

图 3－1　两性就业身份

根据调查问卷回复情况，“上个月(或上次就业时)平均每天工作时间”在 0～16 个小时内，如图 3－2 所示，将日工作时间划分为三个层次：0～8 小时、9～12 小时、13～16 小时，在 0～8 小时和 9～12 小时的层次上，女性比例均低于男性，在 13～16 小时这一层次上，女性比例显著高于男性，差异显著。

2. 收入

将月收入分为五个层次，收入在 1500 元以下的女性的比例高出男性 13.4 个百分点，1501～4000 元的男性的比例(60.2%)高于女性(39.8%)，4001～7000 元的男性的比例(77.6%)显著高于女性(22.4%)，7001～10000 元的男性的比例(77.2%)高于女性(22.8%)(见表 3－5)，可见女性低收入者较多，在中高收入者中，则男性居多。

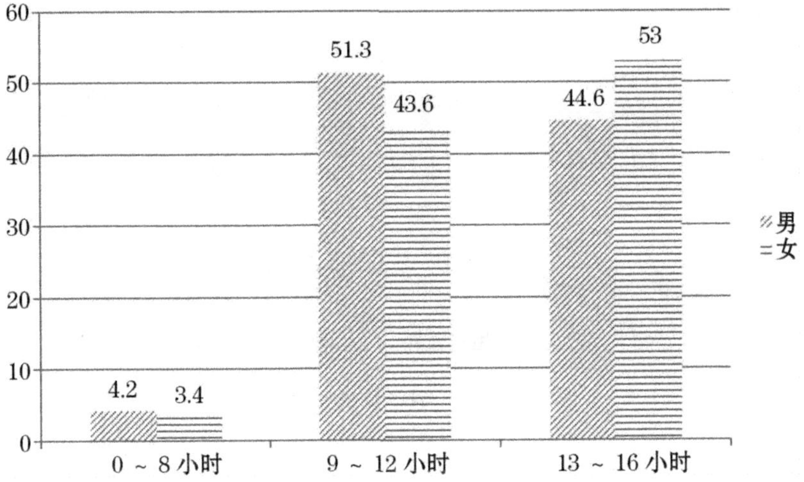

图 3—2　两性日均工作时间(%)

表 3—5　不同性别月收入水平(%)

	1500 元以下	1501～4000 元	4001～7000 元	7001～10000 元	10000 元以上
男	43.3	60.2	77.6	77.2	73.4
女	56.7	39.8	22.4	22.8	26.6

3. 支出

恩格尔系数是食品支出总额占个人消费支出总额的比重。恩格尔系数=食品支出总额/家庭消费支出总额。根据联合国的划分标准,恩格尔系数大于 60%为贫穷,50%～60%为温饱,40%～50%为小康,30%～40%属于相对富裕,20%～30%为富足,20%以下为极其富裕。由于恩格尔系数是一个长期的趋势,并且由于我国消费结构的特殊性,此处不能用恩格尔系数来判断流动人口的富裕程度,但可以将恩格尔系数仅仅看作是食品支出占家庭总支出的一个比例,从图 3—3 可以看出,除了极其富裕者的比例极低之外,流动人口的食品支出占家庭总支出的比例层次较为均匀,且两性差异不显著。

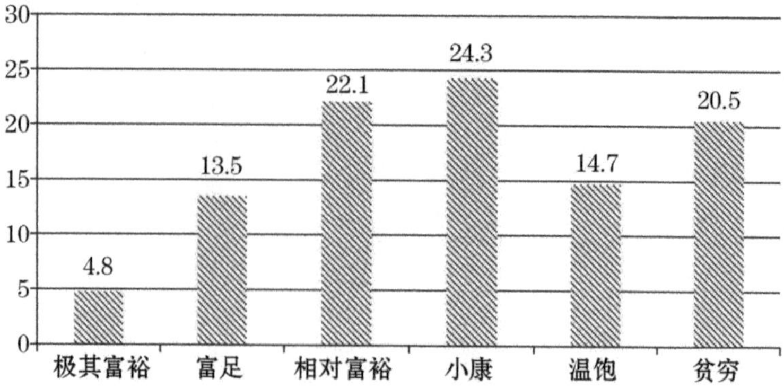

图 3—3　恩格尔系数(%)

(二)社会层面

1. 社会支持

(1)社会保障

在获得各种社会保障类型方面,除了生育保险的获得比例女性(51%)略高于男性(49%)之外,其他包括城镇职工基本医疗保险、城镇居民基本医疗保险、商业医疗保险、工伤保险、失业保险和住房公积金等保障类型的获得中,男性比例均显著高于女性,(见图 3—4)。

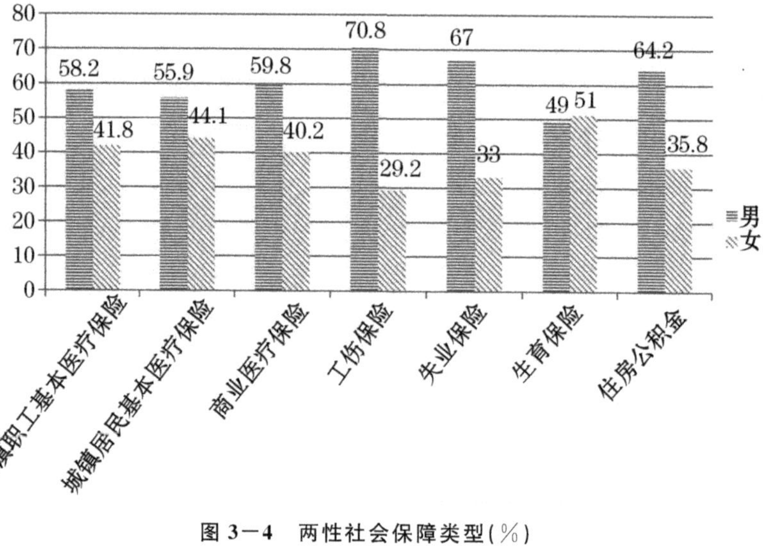

图 3—4　两性社会保障类型(%)

(2)劳动合同

在签订劳动合同方面，56.4%的流动人口签订的是有固定期限的劳动合同，没有签订劳动合同的有26.9%，还有3%的不清楚是否签订，没有签订劳动合同的意识(见图3—5)。在劳动合同的签订情况方面，两性没有显著不同。

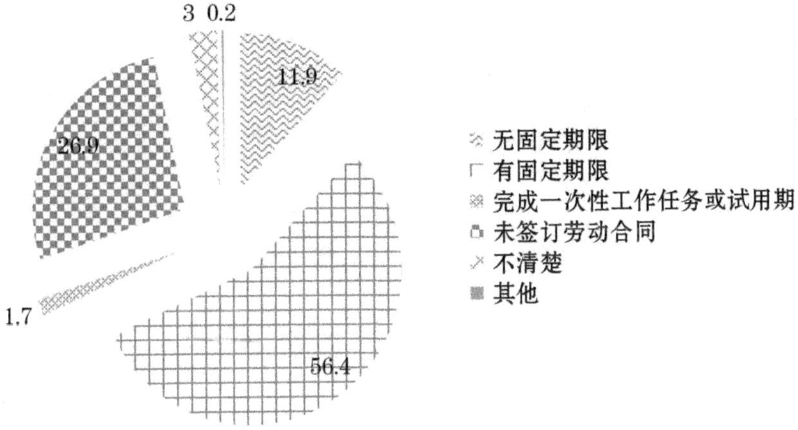

图3—5　流动人口劳动合同签订情况(%)

(3)就医状况

就医状况可以从以下三个指标中得到反映，即"最近一次住院的地方""在哪一级医院住院"和"没有报销住院医疗费的主要原因"。这三个指标中，两性差异均不显著。在"最近一次住院的地方"这一指标中，高达71%的流动人口在本地，20.8%的在户籍地，8.3%的在其他地方，这可能主要基于成本和便利因素，大部分流动人口选择在本地住院治疗。在"在哪一级医院住院"的回答中，在"县、区级公立医院"的比例最高，为42.3%，其次为"地市(直辖市区)级及以上公立医院"，比例为31.7%，在"乡镇卫生院"和"省(自治区、直辖市)级及以上公立医院"的比例相当，分别为9.7%和9.3%，另外有5.9%为"民营医院"，1.2%为"社区卫生服务中心"。对于"没有报销住院医疗费的主要原因"，最多的是"没有参加保险"，比例为35.7%，其次为

“需要回老家，不方便”，比例为26.7%，另外有10.9%为“政策不允许报”，6.5%为“报销手续烦琐”，6.2%为“不知道报销流程”，(打算)下次回乡办理报销的占8.2%，其他原因的有5.8%(见图3-6)。可以看出，流动人口的医疗保险仍有待完善，仍有部分人员没有参加医疗保险，异地医保结算还没有完全实现。

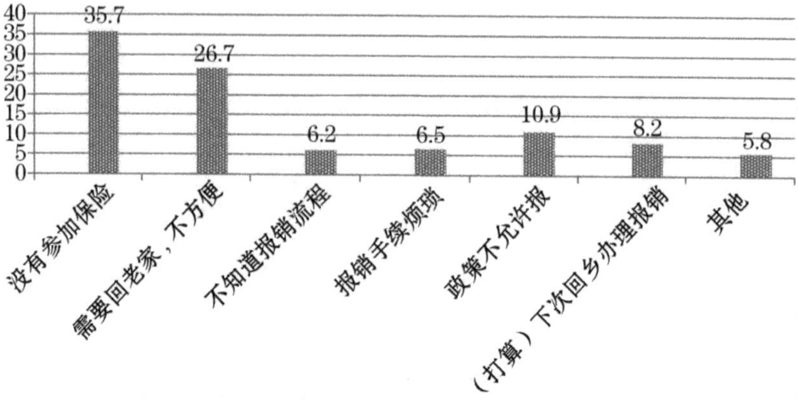

图3-6 没有报销住院医疗费的主要原因(%)

(4)居民健康档案

在社区居民健康档案的建立方面，没建的人数最多，占53.6%(其中没建、没听说过的比例为28.7%，没建但听说过的比例为24.9%)，已经建立的比例仅为23%，还有23.5%的表示不清楚(见表3-6)。两性间没有显著差异。

表3-6 流动人口居民健康档案建立情况

是否建立	没建、没听说过	没建但听说过	已经建立	不清楚
百分比(%)	28.7	24.9	23.0	23.5

2. 人际交往

(1)主要的邻居构成

从主要的邻居构成看，占比最多的是外地人(43.5%)，外地人和本地人数量差不多的占比29.5%，是本地市民的仅为20.6%，不清楚的占

6.4%，可以看出在居住方面，流动人口与本地市民的隔离较为严重。

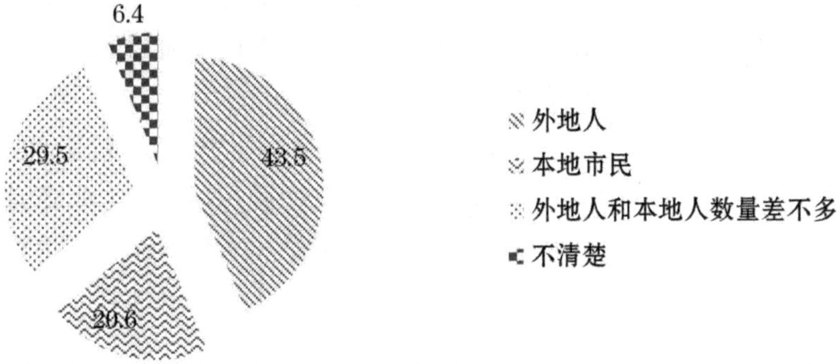

图3—7　主要的邻居构成(%)

(2)与本地人相处融洽度

与本地人相处的融洽程度是社会融合的重要方面，从统计数据看，流动人口与本地人相处的融洽程度较高，其中表示“很融洽”(28.7%)和“比较融洽”(42.9%)的占比最高，“一般”的比例为24.3%，“不融洽”和“来往很少”的比例仅为0.3%和3.9%，性别差异不显著(见图3—8)。

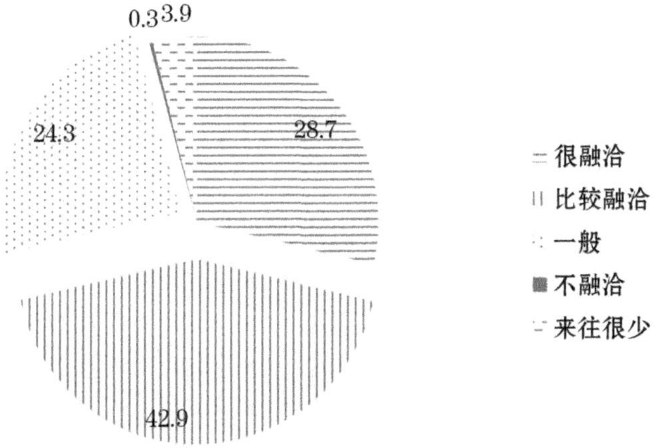

图3—8　觉得自己或家人与本地人相处情况(%)

3. 社会活动参与

流动人口的社会活动参与情况，也是衡量流动人口社会层面融合程度的重要指标之一。在这里，选取流动人口参加社会组织情况以及参与社区活动情况两个方面。

从下图可以看出，流动人口参与的社会组织中，占比最高的是老乡会(34.9%)，其次为同学会(23.4%)和工会(21.1%)，志愿者协会也占有一定比例，为11%，其他的比例都较少，两性的差异并不显著(见图3—9)。

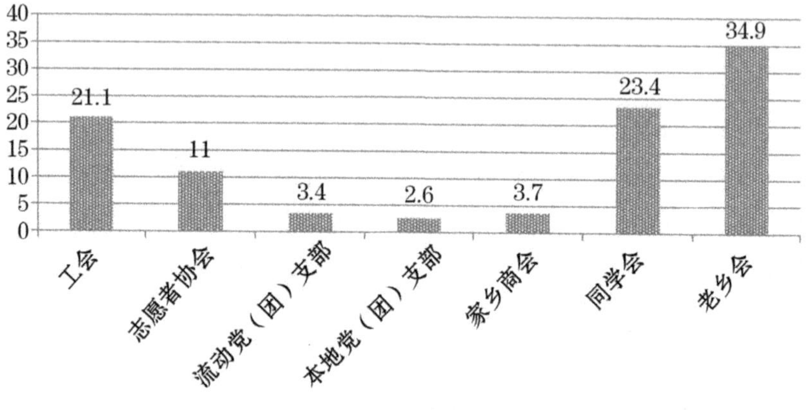

图3—9　参加社会组织情况(%)

从社区活动参加情况看，流动人口参与最多的是文体活动(38.2%)，其次是社会公益活动(31.7%)，居委会管理活动(15%)(见图3—10)。两性差异不显著。

(三)心理层面

1. 休闲娱乐方式

在主要休闲活动之一中，无论男性还是女性，最多的都是看电视/电影/录像；在主要休闲活动之二中，男性最多的是上网/玩电脑游戏(21.7%)，女性最多的是逛街/逛公园/锻炼(21.5%)，差别显著；主要的休闲活动之三中，男性最多的是闲呆/睡觉(24.2%)，女性最多的则是做家务(31.3%)，差异显著($p<0.001$)(见表3—7、3—8、3—9)。

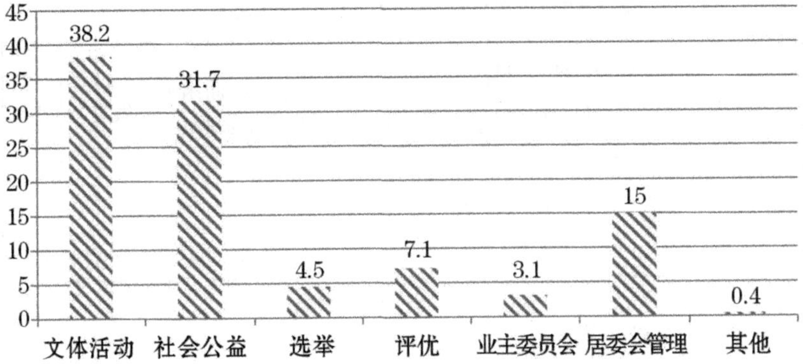

图 3—10　参加社区活动情况(%)

表 3—7　主要休闲活动之一与性别交叉列表(%)

	看电视/电影/录像	下棋/打牌/打麻将	逛街/逛公园/锻炼	读书/看报/学习	上网/玩电脑游戏	与家人朋友聊天	闲呆/睡觉	做家务	其他
男	61.9	5.8	5.0	3.5	12.4	4.3	4.8	2.1	0.1
女	58.7	2.1	9.0	3.3	6.4	4.3	4.1	11.9	0.1

表 3—8　主要休闲活动之二与性别交叉列表(%)

	看电视/电影/录像	下棋/打牌/打麻将	逛街/逛公园/锻炼	读书/看报/学习	上网/玩电脑游戏	与家人朋友聊天	闲呆/睡觉	做家务	其他
男	12.1	14.3	14.3	9.9	21.7	14.9	8.9	3.9	0.1
女	11.9	6.7	21.5	9.0	13.4	17.4	9.9	10.2	0.0

表 3—9　主要休闲活动之三与性别交叉表(%)

	看电视/电影/录像	下棋/打牌/打麻将	逛街/逛公园/锻炼	读书/看报/学习	上网/玩电脑游戏	与家人朋友聊天	闲呆/睡觉	做家务	其他
男	6.9	3.1	8.0	5.7	11.4	24.1	24.2	15.8	0.4
女	8.4	1.3	10.4	4.3	8.4	20.3	15.2	31.3	0.4

2. 社区融入意愿

在对"意愿融入社区/单位，成为其中一员"的问题的回答中，52.5%的流动人口表示"基本同意"，43.2%的表示"完全同意"，"完全不同意"和"不同意"的比例仅为0.8%和3.6%(见图3—11)，可见流动人口有强烈的社区/单位融入意愿，且两性没有明显差异。

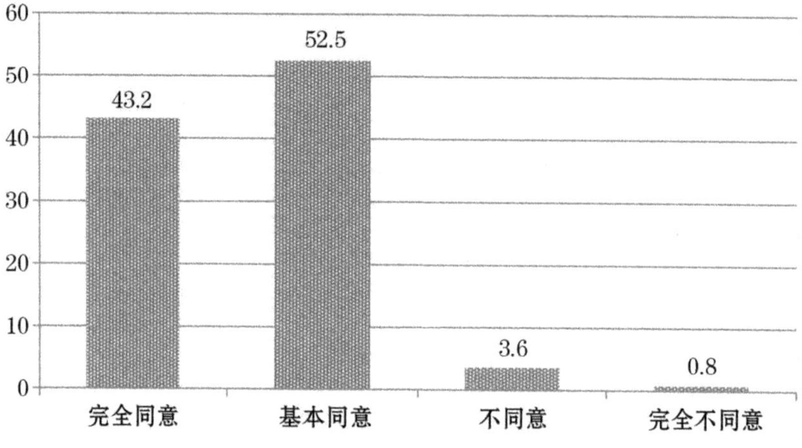

图 3—11　社区/单位融入意愿情况(%)

3. 未来打算

关于未来长远的打算，大多数被访的流动人口都表示没有长远打算，但是对于未来5年的打算，统计显示，打算在现在所在城市工作生活的占绝大多数(85.6%)，打算在老家工作生活的比例仅为9.4%(见图3—12)，显示出流动人口"流而不动"的特征，很多流动人口实际上已是常住人口。这方面的两性差异也不显著。

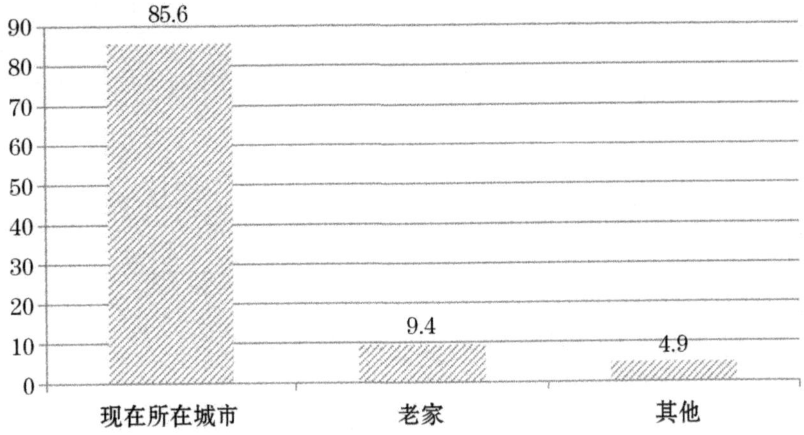

图 3－12　未来 5 年打算在哪里工作生活(%)

4. 社会认同

大多数流动人口(78%)认为自己不是本地人，但是同意(基本同意的比例为 53%，完全同意的占 32.7%)属于所在城市(具体见表 3－10、3－11)。这表明流动人口对自己的外来身份有清晰的认识，但是对于所在城市的归属感越来越强。在社会认同方面，性别差异并不显著。

表 3－10　是否认为自己是本地人

	频数	百分比(%)
是	3516	22
不是	12481	78
总计	15997	100

表 3－11　感觉自己是否属于这个城市

	频数	百分比(%)
完全不同意	268	1.7
不同意	2016	12.6
基本同意	8479	53.0
完全同意	5234	32.7
总计	15997	100.0

三、流动人口社会融合程度的性别区隔

在指标下辖的测量变量和参数方面，设定了一系列的定类变量(如就业单位性质、就业身份等)、定序变量(如月总收入、与本地人相处融洽度等)和定距变量。其中，定类变量和定序变量的分析采用了韦伯的理想型研究模式。具体而言，本研究在测量中以变量选项所反映出的社会融合度高低作为统一依据，对变量选项进行由高至低的赋值。各个项目的最高值共同构成了流动人口社会融合的理想型，即最理想的融合状态。如流动人口的就业状况，就业者比没有就业者的融合程度要高，所以将"就业"赋值为 1，将"没有就业"赋值为 0。流动人口的就业身份也在一定程度上反映出流动人口的社会融合程度，将就业身份分为雇主、自营劳动者、雇员三种类型，雇主在经济层面的融合程度相比于自营劳动者和雇员较高，而自营劳动者也掌握着一定的自主权，社会融合度相比雇员要高一些，所以将"雇主、自营劳动者、雇员"依次赋值为 3、2、1。在就业单位性质的测算中，本研究有国企或集体企业、外企(包括中外合资企业)、私营企业、个体户、土地承包(包含无单位)5 个选项。依据经验判断，本研究将国企或集体企业就业作为融合的最高值，依次赋值为 5 到 1。通常而言，收入水平直接影响社会融合程度，月收入越高，融合程度越高，因此将月收入分为五个层次，"1500 元以下""1501～4000 元""4001～7000 元""7001～10000 元""10000 元以上"，分别赋值为 1、2、3、4、5。

将居民健康档案中的三个选项“没建、没听说过，没建但听说过，已经建立”依次赋值为1、2、3。计算主要测量指标的赋值结果的算术平均数，并同时比较男女不同的指标赋值结果，具体见表3－12。

表3－12　两性社会融合程度对照表

<table>
<tr><th>一级指标</th><th>二级指标</th><th>三级指标</th><th>区间值</th><th>女</th><th>男</th></tr>
<tr><td rowspan="4">经济层面</td><td rowspan="3">就业</td><td>是否就业</td><td>0～1</td><td>0.858</td><td>0.965</td></tr>
<tr><td>就业单位性质</td><td>1～5</td><td>2.545</td><td>2.531</td></tr>
<tr><td>就业身份</td><td>1～3</td><td>1.344</td><td>1.406</td></tr>
<tr><td>收入</td><td>月总收入</td><td>1～5</td><td>2.060</td><td>2.317</td></tr>
<tr><td colspan="3">经济层面融合总评</td><td></td><td>1.702</td><td>1.805</td></tr>
<tr><td rowspan="6">社会层面</td><td rowspan="4">社会支持</td><td>社会保障</td><td>0～1</td><td>1.689</td><td>1.700</td></tr>
<tr><td>劳动合同</td><td>0～3</td><td>1.942</td><td>1.948</td></tr>
<tr><td>就医状况</td><td>1～6</td><td>3.44</td><td>3.59</td></tr>
<tr><td>居民健康档案</td><td>0～3</td><td>1.442</td><td>1.408</td></tr>
<tr><td rowspan="2">人际交往</td><td>与本地人相处融洽度</td><td>1～5</td><td>3.931</td><td>3.915</td></tr>
<tr><td>与邻居来往程度</td><td>1～4</td><td>2.641</td><td>2.645</td></tr>
<tr><td colspan="3">社会层面融合总评</td><td></td><td>2.514</td><td>2.534</td></tr>
<tr><td rowspan="3">心理层面</td><td rowspan="3">融入意愿和身份认同</td><td>社区融入意愿</td><td>1～4</td><td>3.38</td><td>3.38</td></tr>
<tr><td>未来打算</td><td>1～3</td><td>2.772</td><td>2.751</td></tr>
<tr><td>身份认同</td><td>0～1</td><td>0.219</td><td>0.221</td></tr>
<tr><td colspan="3">心理层面融合总评</td><td></td><td>2.124</td><td>2.117</td></tr>
<tr><td colspan="3">测量指标赋值平均数</td><td></td><td>2.113</td><td>2.152</td></tr>
</table>

从表中可以看出，在经济层面融合的各个指标中，除了“就业单位性质”指标的女性分值比男性高之外，其余各项指标中，男性的分值都高于女性。综合各指标得分，男性在经济层面的融合度显著高于女性。在社会层面融合的各项指标中，女性在“居民健康档案”以及“与本地人相处融洽度”两项指标上分值高于男性，在其他四项指

标上的分值均低于男性。综合各指标得分，女性社会层面的融合度低于男性。在心理融合层面，两性在“社区融入”指标上得分相同，在“未来打算”指标上，女性分值高于男性，在“身份认同”指标上，女性分值略低于男性。综合各指标得分，女性在心理层面的融合度略高于男性。最后综合经济、社会、心理层面的赋值平均数，女性分值低于男性，即在总的社会融合度上，女性低于男性，两性确实存在性别区隔的社会融合。

四、流动人口社会融合性别区隔的政策含义

（一）流动人口的社会融合呈现复杂性

两性在社会融合方面的差异表明，经济、社会、心理三方面的融合并非依次递进的关系，经济融合并非是社会、心理融合的基础，经济、社会融合也并非是心理融合的基础，流动人口的社会融合呈现一定的复杂性。城乡二元结构已存在多年，具有相当的刚性，结构的力量十分清晰，因此女性与这种结构性力量的互动，更多地表现在文化的层面。独特的性别特点，使她们更容易深入和接近城市人群，接受城市的生活方式，所以从与城市的融合程度来看，她们与城市的联系更加紧密，这必然会对她们的观念与行为产生重要影响，从而产生在城市长期定居的心理倾向。女性从决定离开农村时在心理上已经开始了适应和居留城市的调适。女性的外出除了经济原因还受到城市女性地位普遍提高的影响。从文化学、女性学的角度来看，农村外出打工女性是具有多元身份的女性发展群体，她们的外出打工行为及生存方式是我国社会转型期出现的女性群体现象，这种流动女工群体的出现改变了我们过去关于妇女解放、妇女发展统一化的观念，打破了以往时代女性群体发展的固定、平稳、均衡的发展态势，使不同职业阶层女性群体的差异性，特别是城乡二元结构形成的女性群体发展的差异性，从绝对割裂的封闭状态走向多元交叉的开放状态。外来女性就是在这样的开放与交融的状态中寻求城市生活的心理支点。这些都使她们对城市较早地有了认同感和归属感。而女性意识

到语言、服饰以及与城市居民的互动方式在她们适应城市过程中的特殊重要性，显现出在这些方面向城市生活方式的靠拢，这又进一步促进了女性对城市的认同。这可能是女性比男性更容易适应城市这一说法的有力注释，也就是说当我们说外来女性更容易适应城市时，多数指的是心理层面。而对男性流动人口而言则恰恰相反，经济和社会层面的融合并没有带来必然的心理层面的融合。虽然他们在经济和社会层面的融合程度远高于女性，但是他们在未来打算上更多地以老家为选择对象，这可能是现实中成家立业重担下的无奈之举，城市生活和定居的高昂成本让这些身负养家糊口重担的男性流动人口不得不把自己和家庭的未来寄托于回归老家。对于流动人口社会融合呈现的复杂性要予以充分认识，才能有针对性地制定合理有效的促进其社会融合的各项政策。

（二）促进女性流动人口经济和社会层面的融合是政策重点

虽然女性流动人口在心理层面更容易适应城市生活，但是从社会融合各层面的指标分值来看，女性流动人口在经济和社会层面的融合度上显著低于男性流动人口，经济和社会上的边缘性使她们难以完成定居城市的愿望，所以对于女性来说更为根本的经济上的适应可能需要更长的时间。这种处境使得多数女性对于城市生活的未来预期随着她们留在城市的时间的延长而降低，最终她们对城市的归属感产生怀疑。因此在促进流动人口社会融合的政策制定中，必须充分考虑流动人口社会融合的性别差异，有针对性地设置专门面向女性流动人口的经济和社会政策方案和项目，以便满足女性的利益诉求，保证政策制定和实施的性别平等和公平正义。在经济层面，最主要的是如何促进和保障流动女性的就业和收入；在社会层面，则需更多地给予她们劳动保障和社会支持。

（三）应对男性流动人口的情感和心理支持给予更多关注

大多数流动人口社会融合的性别比较研究的落脚点多是放在女性流动人口的融合不足方面，关照女性流动人口当然无可厚非，但是两性的发展都要考虑，不能因此而忽视男性流动人口的融合障碍，他们的社会融合同样存在困难。从社会融合指标分值来看,男性流动人口在心理层面的融合度上不及女性流动人口,这表明男性流动人口在心理融合方面存在障碍,应当引起重视。已有研究发现,男性流动人口心理失范问题也比女性流动人口突出。一方面,当前中国存在较为严重的性别失衡问题,男性比例偏高会导致部分男性找不到合适的婚配对象而面临失婚的风险;同时,女性所占比例偏低也会增加女性在婚姻市场中的议价能力,使其处于主动地位。[①] 在性别失衡背景下,农村的部分失婚男性流向了城市。这部分男性对城市中的遭遇可能更为敏感,心理失范更严重。另一方面,"养家糊口"相关的社会角色及特征对流动人口心理失范的影响存在性别差异。伴随大量农村人口流动到城市务工,两性间的社会角色距离逐渐缩小,但社会对两性在家庭中的性别角色期待并没有同步缩小。[②] 在这种背景下,女性不仅经历更少的社会角色与性别角色不协调的紧张问题,流动前后所增加的资源与权力的相对值也要更大一些。男性依然被期待为"养家糊口"的首要责任人,如果在城市中就业不稳定,会不利于其在城市立足和地位获取,这种基于性别角色的期待与实际扮演的社会角色的差异会导致较大的角色紧张,心理失范程度也会较高。因而应对男性流动人口的情感和心理支持给予更多关注。

本章小结

本章鉴于以往社会融合的有关研究,将流动人口的社会融合问题分为经济层面、社会层面、心理层面三个层面,构建了流动人口社会融合测量的三级指标体系。通过选取各个层面的主要指标进行描述统计和赋值比较,探索两性社会融合的差异。经过描述统计分析

① 桂华、余练:《婚姻市场要价:理解农村婚姻交换现象的一个框架》,《青年研究》2010年第3期。

② 李卫东、李树茁、M. W. 费尔德曼:《性别失衡背景下农民工心理失范的性别差异研究》,《社会》2013年第3期。

发现，两性存在明显差异的指标包括：经济层面的“是否就业”“主要的职业类型”“就业单位性质”“就业身份”“日均工作时间”“月收入”，社会层面的“社会保障”，心理层面的“休闲娱乐方式”。通过计算主要测量指标的赋值结果和平均分值发现，在经济层面融合的各个指标中，除了“就业单位性质”指标的女性分值比男性高之外，其余各项指标中，男性的分值均高于女性。综合各指标得分，男性在经济层面的融合度显著高于女性。在社会层面融合的各项指标中，女性在“居民健康档案”以及“与本地人相处融洽度”两项指标上的分值高于男性，在其他四项指标上的分值低于男性。综合各指标得分，女性社会层面的融合度低于男性。在心理融合层面，两性在“社区融入”指标上的得分相同，在“未来打算”指标上，女性分值高于男性，在“身份认同”上，女性略低于男性。综合各指标得分，女性在心理融合度上略高于男性。最后综合经济、社会、心理层面的赋值平均数，女性分值低于男性，即在总的社会融合度上，女性低于男性。这表明，流动人口的社会融合存在一定的复杂性，三个层面的融合并非循序渐进的关系。在促进流动人口的社会融合方面，必须充分考虑流动人口社会融合的性别差异，有针对性地设置专门面向女性流动人口的经济和社会政策方案和项目，以便满足女性的利益诉求，保证政策制定和实施的性别平等和公平正义，同时要重视和给予男性流动人口更多的情感和心理支持。

第四章　受流动影响的特殊人群的性别分异

受流动影响的特殊人群主要有两大类，一类是儿童群体，一类是老年群体。这两类特殊群体也因性别不同而呈现不同的状况。本章将对两类人群的性别分异状况及因素做简要分析。

第一节　受流动影响的儿童群体的性别分异

受流动影响的儿童群体可分为两大类，流动儿童和留守儿童。所谓流动儿童是指那些跟随父母离开户籍登记地到其他地方流动的儿童，换句话说，流动儿童指的是流动人口中17周岁以下的儿童。所谓留守儿童是指那些父母双方或者一方外出流动，自身却继续生活在户籍登记地因而不能与父母双方共同生活的儿童。[①] 根据联合国儿童基金会发布的报告《2015年中国儿童人口状况——事实与数据》，笼统地说，中国有1亿名儿童受人口流动的影响。根据教育部于2018年8月发布的2017年教育统计数据进行计算发现，2017年义务教育阶段随迁子女和农村留守儿童数量分别为1897.45万人和1550.56万人，合计3448万人。近5年义务教育阶段随迁子女增加了283.86万人，农村留守儿童减少了576.2万人。[②] 总体上，流动儿

① 段成荣：《我国流动和留守儿童的几个基本问题》，《中国农业大学学报（社会科学版）》2015年第1期。

② 李楠：《中国有多少流动儿童和留守儿童？——2017年教育统计数据发布》，城市化观察网2018年8月15日，https://baijiahao.baidu.com/s?id=1608873715279545479&wfr=spider&for=pc。

童增速明显。流动儿童和留守儿童的性别比有所差异。在社会化过程中，男童和女童也呈现出不同的状况。

一、数量上的性别差异

从数量上比较，流动儿童和留守儿童中的性别比有所差异。2006 年浙江省的调研和 2009 年四川省的调研表明，总体结构特征是流动儿童中男性儿童比例较高，女性儿童比例较低。在总体性别比偏高的背景下，女性留守儿童比例高于总体儿童（农民工子女总数）中的女性比例。[①] 2013 年全国妇联课题组发布的《我国农村留守儿童、城乡流动儿童状况研究报告》显示，虽然城乡流动儿童与农村留守儿童性别比总体差别不大，但是分年龄段比较二者性别比呈此消彼长趋势。流动儿童总的性别比为 116.39，与全国儿童、农村儿童和农村留守儿童性别比基本无差异。但是分年龄来看，性别比随年龄变化的特征明显，这在流动儿童和农村留守儿童两个群体之间对比明显。3～5 岁学龄前和 6～14 岁义务教育阶段流动儿童性别比明显高于留守儿童；14 岁以后流动儿童和农村留守儿童性别比差异逆转，流动儿童性别比低于留守儿童，17 岁的流动儿童性别比甚至跌到 100。这种对比正好与学龄阶段相对应，从儿童进入幼儿园起，到进入义务教育阶段，流动儿童中的男孩比例始终高于农村留守儿童中的男孩比例；到 15 岁接受完义务教育后，流动儿童中女孩的比例有所提高。[②]

单从流动儿童的性别比来看，差距也明显。据《中国流动儿童数据报告（2014）》显示，2012 年全国小学阶段和初中阶段的流动儿童性别比（男：女）分别高达 151：100 和 149：100，而全国在校生平均性别比在小学阶段和初中阶段仅为 116：100 和 112：100。2017 年 12 月—2018 年 1 月，户改观察与深圳砥砺社工服务中心在深圳市龙

---

① 刘成斌：《农民工子女"流动与留守"的性别差异——从教育公平思考就业平等》，《中国妇女报》2012 年 6 月 26 日。

② 李菲：《全国妇联：城乡流动儿童与留守儿童性别比总体差别不大》，新华网 2013 年 5 月 10 日，http://news.163.com/13/0510/15/8UH8ORPB00014JB5.html。

华、龙岗、宝安三个区所做的至少带有一个孩子来深圳的外地户籍家庭问卷调查发现：一孩家庭性别比严重失衡，二孩以上家庭男女随迁率差距明显。调研样本中一个孩子的家庭共65个，男孩40人，女孩25人，男女性别比为160，远高于深圳市常住人口的性别比（深圳市统计局于2017年发布的《2015年深圳市社会性别统计报告》中，常住人口的男女性别比为115.56，其中0～14岁年龄组的常住人口男女性别比为119.03）。在二个以上孩子的家庭中，二孩家庭的男女随迁率接近，仅相差1.57%；但是在三孩家庭中，男孩23人，随迁22人，随迁率为95.65%，女孩31人，随迁的只有25人，随迁率只有80.65%，男女随迁率相差了15%。综合来看，在有二个以上孩子的家庭中，男孩131人，其中带在父母身边的有122人，随迁率为93.13%；女孩109人，其中带在父母身边的有96人，随迁率为88.07%。本次调研的样本中，一孩家庭中男女性别比高达160，而二孩以上的家庭中男女的随迁率相差了5%，男孩得到随迁的机会仍然大于女孩。①

流动儿童和留守儿童性别比的差异体现了流动人口在选择携带子女一起外出时存在的性别偏好。在入学政策影响下，外出务工家庭在决定孩子留守还是流动的时候，性别仍然是一个重要的影响因素——很长时间以来男孩被外出务工的父母带在身边的机会仍然大于女孩。学龄前和义务教育阶段的儿童中，留守儿童的性别比低，流动儿童的性别比高，说明家长往往更愿意携男孩进城，让女孩留守家乡，让男孩到城市享受较好的生活和教育条件。而在16～17岁大龄儿童中，流动儿童的性别比低，留守儿童性别比高，说明家长会选择刚完成义务教育的女孩进城，让其早早就业，由此导致她们只能进入技术含量低的、劳动密集型的加工制造业或传统服务业，缩小了女孩向上发展的空间，对于女孩的成长极为不利，严重影响了女童和男童的平等发展。

① 李楠：《深圳流动儿童调查：十年了，被留守的依然是女孩》，户改观察2018年3月12日，http://dy.163.com/v2/article/detail/DCL233KS0514CACI.html。

二、社会化过程中的性别差异

大量研究发现，在社会化和成长过程中，留守儿童和流动儿童存在各种问题。而分性别来看，男童和女童的差别比较显著。

（一）留守儿童社会化过程中的性别差异

远离父母的留守生活严重影响着留守儿童的心理健康和健全人格的形成与发展。从许多方面看，男女留守儿童受到的影响、产生的问题存在较大的差异，因此这是一个两性问题差别十分明显的群体。郭受榕在福建省的调查发现，留守男童存在更多的品德问题以及行为不良现象，而留守女童的心理健康问题更为严重，忧郁、自卑和焦虑等不健康心理更明显。留守儿童在父母离家后性格和学习方面的变化差别较大，留守男童受到的负面影响大于留守女童。在青春期，留守男童受到社会影响更大，而留守女童更依恋父母和同伴。留守儿童高度认同女童更容易遭受性侵害，而留守男童更可能成为性侵害中的伤害者。①

这些差异背后有两性自然差异的原因。研究证明，男女两性无论在大脑结构还是心理气质以及许多方面都存在明显不同，如男孩的空间占有率比女孩强得多，女孩比男孩更容易集中自己的注意力，女孩比男孩更需要父母的爱抚，男孩的诵读能力比女孩差三倍，而他们的数学能力一般好过女孩②——这些差异决定了男女儿童在成长过程中将遇到或产生不同的问题。另外也有学校、社会教育的影响。在留守儿童问题的产生中，部分农村学校和社区并未主动肩负起监管留守孩子和为他们提供更多支持的责任，没有给予留守儿童更多的关注和引导。在关于男女性别差异教育方面，当前的学校教育主要存在两种问题：一方面，教学的内容和教师观念中仍存在性别偏见

---

① 郭少榕：《留守儿童问题性别差异调查分析——以福建省为例》，《青年研究》2006年第5期。

② ［美］格瑞恩著，郑文雪、施庆译：《男孩的困惑》，上海教育出版社2002年版，第17—19页。

和性别刻板印象，在教学实践中，教师对男女学生同样的学习态度和方式往往持有不同的评价；另一方面，我国农村很多小学、幼儿园的管理制度不尊重儿童的年龄特点和心理发展水平，特别是忽视男女儿童的性别差异，对儿童遵守规矩和纪律做统一要求。相对来说，女童更听话、乖巧，也就更容易适应学校的各种管理，而大部分男童很难适应严格的课堂管理，更难成为老师眼中的“乖孩子”。学校、教师对遵守纪律的女童的赞扬和鼓励无形中强化了她们的某些性格特点，而对“不听话”的男童则常持批评态度，明显挫伤了男童的自信心，使他们无所适从、甚至自我怀疑，并导致他们产生厌学心理，严重影响了他们的学习积极性和性格的正常发展。在缺乏父母教育监督的情况下，较多留守男童出现了学业不良状况，他们成为不受学校、老师甚至同学欢迎的人。

更重要的因素是传统的社会性别观念，即社会和家庭对男女儿童不同的性别角色期待以及留守儿童家庭不同的教育理念和教养方式导致的不同问题。家庭是儿童社会化最开始和最重要的场所。留守儿童的家庭由于父母大多数时间在外打工，与孩子的日常互动沟通较少，造成亲子亲密度极度缺乏，父母难以对孩子实现有效的教育监督，对留守儿童的健康人格养成和成功社会化极为不利。另外，我国农村家庭在子女的教养方面存在性别差异。部分农村家庭包括外出务工人员家庭存在重男轻女思想，对留守在家乡的儿童，父母以及代养人往往采取不同的教育理念和教养方式。对男孩在物质上尽量满足，学习上要求较高，希望他们能好好读书，考学改变命运；对女孩则满足基本温饱，学习上不做过多要求——能读多少算多少，生活上则要求必须独立。留守男童的代养人主要是祖父母，在生活上往往对他们过分溺爱，而忽视道德和良好行为习惯教育。与之相反，部分农村流动人口对留在家乡的女儿缺乏关爱与期望，她们的代养人对她们更多的是忽视和冷落。不良的家庭教育方法，无论是溺爱还是虐待都是导致青少年出现心理偏差和违法犯罪的主要原因之一。留守儿童家庭对男童的偏爱、纵容，对留守女童的忽视和低期望是留守男女童产生不同心理和行为问题的重要原因。①

(二)流动儿童社会化过程中的性别差异

流动儿童在流入地城市的生活学习、社会适应中状况各异。因性别不同,差异显著。胡韬(2007)从人际友好、活动参与、学习自主、生活独立、环境满意、社会认同、人际协调、社会活力这八个方面进行研究,采用独立样本T检验考察流动少年儿童社会适应的性别差异,发现女生在总分和各因素得分上都显著高于男生,在人际友好因子和社会活力因子上显著水平分别为 $p<0.01$ 和 $p<0.05$,在其他因子上显著水平均为 $p<0.001$。流动少年儿童女生的社会适应水平显著高于男生。这与冯正直(2004)等的研究结果基本一致。Sieger 等用16PF连续8年对被试共测试4次,发现女性比男性更顺从、心肠较软;我国研究者(钮丽丽等,2001)也发现中学女生的宜人性显著优于男生。女生的这些人格特征可能更有利于社会适应。② 女生有利于社会适应的人格优势可能是由社会对两性的要求不一样而引起的,如 Kurtz-Costes(2000)认为,在不同文化中的父母对儿童的期望和教育观念不同,于是会导致男女性别有不同的适应状况。

张丹对上海市小学的调查研究发现,流动儿童群体中劳动力阶层子女受教育质量存在性别差异。城市中的偏郊区学校中多数流动儿童来自劳动力阶层家庭;中心城核心城区学校中多数流动儿童来源于人才引进家庭。偏郊区学校与城区学校的男女生课堂行为表现也存在差异。偏郊区学校的课堂教学中,男生多数羞涩内向,而女生则积极大胆,更善于在课堂互动中表明自己的观点,且有班级主人翁意识,能积极协助教师管理好班级。远郊区农村小学中,上海本地女生比外地女生内向胆小。上海本地生源的家庭较注重对子女行为和礼貌等方面的引导与教育,学生课堂表现更为乖巧规范;且因父母工

① 郭少榕:《留守儿童问题性别差异调查分析——以福建省为例》,《青年研究》2006年第5期。

② 胡韬:《流动少年儿童社会适应的发展特点及影响因素研究》,西南大学2007年硕士学位论文。

作忙，她们多数与爷爷奶奶生活在一起，加上多数时间在家，与外界接触机会较少，因而表现较内向。外地女生大多来自农村或山区的家庭，她们的父母多从事手工劳动，对子女以散养为主，来到上海后，对子女仍然延续散养方式。相比之下，外地女生的性格更为独立，课堂表现更为活泼。与之形成鲜明对比的是，城区学校男生活泼好动，会积极与教师沟通互动，而且中心城核心区学校男生的课堂表现更为积极，思维更为活跃。相反，女生在课堂发言、教师互动方面表现较为被动，在数学和自然等科学类课堂上表现更为沉默。这种现象在一定程度上表明了学生课堂表现的性别差异与社会阶层存在一定的关联。

流动儿童家庭教育缺失或家长教育观念落后是造成流动儿童接受教育水平存在差异的重要原因。流动儿童的父母在城市主要从事低收入的体力劳动。虽然他们认可教育的作用，也重视孩子的教育。但他们没有时间或精力关注子女在校的学习情况，对子女良好的生活习惯和行为规范也缺乏培养，可谓家庭教育责任严重缺失。此外，教师评价的性别导向也加剧了流动儿童的性别差异。在课堂教学互动中，教师对学生的评价通常对学生的角色意识、身份认同和课堂行为具有重要导向作用。然而，除少数教师意识到自身的评价和鼓励方式会对学生性别角色、成长发展等产生影响外，大部分教师仍认为学生课堂表现的差异仅与学生自身的性格特点、兴趣差异或家庭教育差异有关，并未意识到自身评价的性别导向对学生的身心发展与能力培养亦有重要影响。[①] 研究发现，课堂上教师对男生课堂发言的评价反馈频次多且更具体，在女生的行为规范上则教育较多。对女生更多地希望其保持与社会价值观和传统文化相符合的“淑女”形象，而对其责任心、能力的培养则有所忽视。教师的性别差异评价间接强化并再生产了男女生课堂表现的性别差异；在逐渐强化的过程

① 张丹：《教育公平视角下流动儿童受教育质量的性别差异研究——以上海市小学为例》，《华东师范大学学报（教育科学版）》2016年第1期。

中进一步拉大了男女生课堂表现、能力培养和性别角色等方面的性别差距。

第二节　老年流动人口的性别分异

根据国家统计局发布的数据，2016 年我国流动人口规模已经达到 2.47 亿，占总人口比例的 18%。与此同时，老年流动人口规模不断增加，其中，60 岁以上流动老人占流动人口总量的 7.2%，近 1800 万，80%集中于 60～70 岁年龄段。[①] 照顾晚辈、养老与务工经商构成老人流动的三大原因。2015 年国家卫计委流动老人健康专题调查显示，43%的流动老人是为了照顾晚辈，23%的人因外出务工而流动，而与子女团聚、异地养老的流动老人占 25%。[②] 随着老龄化速度的加快、老年人口数量的逐年增加以及未来人口流动和城市化的普遍趋势，预计会有越来越多的老年人由于种种原因成为流动人口。老年流动人口这一群体中也存在着明显的性别差异。

一、流动数量与个体特征差异

2015 年流动人口动态监测调查数据显示，受访流动老人年龄大部分在 60～75 岁，男女比例基本均等，非农业户籍人口比例略高于农业户籍人口，男性非农业户籍流动老人的受教育程度明显较高。在户籍类型方面，非农业户籍流动老人所占比例为 56.7%，比例略高于农业户籍流动老人。在受教育程度方面，不同户籍类型、不同性别的流动老人受教育程度特征不同。女性流动老人的受教育程度整体低于男性，受教育程度在“小学及以下”的女性流动老人占比达

① 国家卫计委流动人口司编：《中国流动人口发展报告 2016》，中国人口出版社 2016 年版，第 36 页。

② 代丽丽：《2016 中国流动人口发展报告：我国流动人口 2.47 亿》，《北京晚报》2016 年 10 月 19 日，转载于中国社会科学网，http://sky.cssn.cn/zx/shwx/shhnew/201610/t20161019_3241404.shtml。

44.0%(男性为29.2%),而受教育程度在大专或大本及以上的女性流动老人占比为10.7%(男性为19.6%)。在农业户籍流动老人中,64.9%的流动老人受教育程度在小学及以下,受教育程度为大专或大本及以上的流动老人占比仅为0.8%。相比之下,非农业户籍的流动老人受教育程度普遍较高,受教育程度在大专或大本及以上的流动老人占比为26.1%,在小学及以下的流动老人占比仅为15.0%。①

户籍类型和性别是影响流动老人收入来源的影响因素。从户籍差异看,农业户籍流动老人的经济来源中所占比例最大的是家庭其他成员,而超过80%的非农业户籍流动老人主要依赖离退休金或养老金。与非农业户籍流动老人相比,农业户籍流动老人中有更大的比例依靠劳动收入和最低生活保障金。在性别差异方面,男性流动老人比女性流动老人更加经济独立。农业户籍流动老人中,女性流动老人经济来源依靠其他家庭成员的比例为50.1%,男性流动老人依靠家庭其他成员的比例为37.8%。男性流动老人比女性流动老人有更大的比例以劳动收入为主要经济来源。非农业户籍流动老人经济来源的性别差异小于农业户籍流动老人。② 即农业户籍的流动老人中性别差异更为显著。若不分户籍,2015年务工经商型老年流动人口中男性超过七成,占72.94%,远远高于非务工经商型老年流动人口(占46.16%)的这一比例,非务工经商型老年流动人口的女性比例(53.84%)则相对较高,务工经商型老年流动人口的女性比例仅为27.06%。③ 务工经商型老年流动人口以男性为主,表明老年男性流动人口即使已经年龄较大,却仍要承担养家糊口的重任,传统社会性别观念赋予的养家者的角色规范仍然发挥着作用。务工经商型女性

① 李升、黄造玉:《超大城市流动老人的流动与生活特征分析——基于对北上广深流动家庭的调查》,《调研世界》2018年第2期。

② 李升、黄造玉:《超大城市流动老人的流动与生活特征分析——基于对北上广深流动家庭的调查》,《调研世界》2018年第2期。

③ 梁宏、郭娟娟:《不同类别老年流动人口的特征比较——基于2015年国家卫生计生委流动人口动态监测数据的实证分析》,《人口与发展》2018年第1期。

老年流动人口比例较低表明：本来在就业中就处于劣势的流动女性，到老年阶段找工作的难度更大，即便是家政服务，也不愿意雇用60岁以上的女性。而在非务工经商型老年流动人口的性别比例上，女性多于男性，且通常以低龄、单独流动为主。非务工经商型老年流动人口流动的主要原因是照料孙辈。这与传统的社会性别角色规范和分工观念有极强的关系，通常认为女性更擅长照料孩子和做家务，而男性老人则要留在家乡耕种土地、料理果园等，所以因照料孙辈而外出的老年流动人口中，女性占绝大多数，而因种种原因其配偶却选择了留守农村和老家。

二、“老漂族”的社会融入状况及性别差异

（一）“老漂族”概念与特征

因流动原因、户籍来源和个体特征等存在差异，老年流动人口也存在很强的异质性。为更准确地分析老年流动人口的社会融入状况，我们聚焦“老漂族”这一特殊的老年流动群体。所谓“老漂族”是中国社会变迁过程中孕育的一个新兴族群，大致是指为了与子女团聚或者帮助子女分担家务、照顾孙辈而从老家来到子女所在城市的老年流动人口。关于“老漂族”的概念，目前学界还没有达成一致。刘庆（2012）认为，“老漂族”特指人到老年还要离开故土家园到子女所在的陌生城市生活的那些老年人。① 何惠亭（2014）认为老漂群体主要是指为了照顾孙辈而背井离乡，来到大城市生活的老龄群体。② 谭皓、田璐琳（2015）认为“老漂族”是指随子女迁居到城市生活的农村老人，是在城市化进程中产生的新群体。③ 霍海燕、魏婷婷（2016）

① 刘庆：《“老漂族”的城市社会适应问题研究——社会工作介入的策略》，《西北人口》2012年第4期。

② 何惠亭：《代际关系视角下老漂族的城市适应研究》，《前沿》2014年第9期。

③ 谭皓、田璐琳：《社区公共文化服务视角下满足“老漂族”精神需求的对策》，《玉林师范学院学报》2015年第1期。

认为，“老漂族”是指离开户籍所在地，跟随子女到异地生活的老人。① 刘亚娜（2016）将“老漂族”定义为跟随子女（流动子女及迁移子女）从外省市的农村或城镇到现居住地短期或长期生活的，非本地户籍的异乡老年人。② 许加明、华学成（2018）将“老漂族”具体界定为：年龄在50周岁及以上，为了与子女团聚或者帮助子女分担家务、照顾孙辈，跨越省市之界从老家来到子女工作和生活的城市居住达半年以上，户籍不在本市且未发生迁移，经常往返于现居住地和户籍所在地之间的老年人与准老年人群体。③ 这些“老漂族”定义中有几个共同要素：一是跟随子女来到城市生活；二是户籍不在本市；三是不是为了就业（务工经商）而漂。不同之处则在于有的定义将年龄进行了具体界定，有的强调流出原因是与子女团聚或帮助子女分担家务、照顾孙辈，还有的定义将其范围划定为流动到城市的农村老人，强调了非城市户籍，有的定义则将经常往返于现居住地和户籍所在地作为一个重要标准，即强调“漂”的属性。本书借鉴已有概念，将“老漂族”定义为为了与子女团聚或者帮助子女分担家务、照顾孙辈，跟随子女跨越省市之界来到异地生活达半年以上、户籍仍在老家的老人。其中既包含乡—城流动的老人，也包含城—城流动的老人。

（二）社会融入问题主要研究综述

关于社会融入的概念，有的学者将社会融合等同于社会融入，有的学者则认为两者并非同一概念。杨菊华（2009）区分了融合与融入两个不同的概念，认为融合是双向的，表示流入地和流出地的文化在平等的地位上进行融汇；而融入是单向的，指的是流动人口主动地在经济、行为和文化等方面适应并融入主流社会体系中。融入暗示着双方的不平等关系，而融合反映的是一种平等的关系，因而融合是双

① 霍海燕、魏婷婷：《社会质量视域下“老漂族”生活现状探究——基于郑州市金水区H社区的实证分析》，《学习论坛》2016年第10期。

② 刘亚娜：《社区视角下老漂族社会融入困境及对策——基于北京社区“北漂老人”的质性研究》，《社会保障研究》2016年第4期。

③ 许加明、华学成：《流动的老年：“老漂族”的形成机制与多重角色困境》，《华中农业大学学报（社会科学版）》2018年第5期。

方接触的最终目标，而融入是融合的前一个步骤，先入而合。社会融入应包括经济整合、文化接纳、行为适应以及身份认同四个维度。[①]张广济(2010)从结构以及社会资源的视角，认为社会融入是指特殊情境下的社会群体融入主流社会关系网当中，能够获取正常的经济、政治、公共服务等资源的动态过程或状态。王桂新(2008)等主张流动人口的社会融入包括心理、身份、文化和经济等因素。[②] 李培林(2012)则将社会融入分为经济融入、社会融入、心理接纳和身份认同四个层次。融入的过程本身就是将个体同化、社会化的过程。

这里着力探讨“老漂族”因为迁移行为生发出的社会融入问题，融入主体在经济、文化、社会以及心理认同等层面，与迁入地社会发生互动的过程。这种融入是他们脱离原有熟悉的生活环境，在日常生活、社会交往和价值观念等方面发生嬗变以及对居住城市社会的适应和认同过程。由于“老漂族”不同于年轻流动人口的特殊性，这里将其社会融入具体分为经济融入、文化融入、社区融入、心理融入四个维度。同时着重分析不同性别的“老漂族”在社会融入方面的差异，进而探讨影响其社会融入的因素和促进其融入的对策。其中，经济融入是指“老漂族”在流入地的居住环境、劳动就业、职业声望、经济收入等方面的融入情况，是个体经济地位的综合反映。文化融入即“老漂族”对流入地语言、文化、风土人情、社会理念的认可程度，包括语言、气候、生活方式和风俗习惯、价值观念等指标。社区层面融入主要是指社区人际交往和社区活动参与等方面。心理融入是指“老漂族”的身份认同、归属感、心理压力和未来打算等方面。

(三)研究方法与研究发现

为详细了解“老漂族”的社会融入状况，本书依据目的性取样原则，选取10位(其中男性5名，女性5名)在天津市内六区居住的外

① 杨菊华:《从隔离、选择融入到融合:流动人口社会融入问题的理论思考》,《人口研究》2009年第1期。

② 王桂新、王利民:《城市外来人口社会融合研究综述》,《上海行政学院学报》2008年第6期。

地户籍的老年流动人口作为研究对象，通过面对面深入访谈的方式收集数据。每次访谈开始时，研究者都向受访者介绍访谈的目的、内容、方式以及保密原则，每次访谈时间都在 90 分钟以上，并在访谈对象同意的情况下进行录音。访谈结束后分别为每位老人进行信息建档，然后对其流迁经历进行主题归类，进而分析老人的社会融入过程并在此基础上对两性流动老人进行比较分析。

下表是被访者基本情况，户籍地多集中于中原和北方地区。其中乡—城流动人口 6 名，城一城流动人口 4 名，年龄都在 60～70 岁之间，除了个别老人有慢性病之外，大多都表示身体情况良好。来津的最大原因是照看孙辈。

表 4—1　被访者基本情况表

个案号	性别	年龄	学历	之前职业	户籍地	来津时间	同住人员	来津原因	身体情况
L1	男	61	初中	工人	山东潍坊	2 年	妻子	照看外孙	良好
L2	男	64	高中	务工	邢台巨鹿	9 年	妻子、儿子、儿媳、俩孙子	与子女团聚	良好
L3	女	65	初中	种地	邢台巨鹿	14 年	丈夫、儿子、儿媳、俩孙子	照看孙子	良好
L4	男	60	高中	种地	河南开封	5 年	妻子、女儿、女婿、外孙	照看外孙	良好
L5	女	64	小学	种地	河北衡水	3 年	儿子、儿媳、俩孙女	照看孙女	腰腿疼
L6	女	67	高中	会计	内蒙古海拉尔	11 年	丈夫	照看外孙女	糖尿病
L7	男	67	高中	司机	内蒙古海拉尔	5 年	妻子	照看外孙女	高血压

续表

个案号	性别	年龄	学历	之前职业	户籍地	来津时间	同住人员	来津原因	身体情况
L8	女	61	初中	种地	山东潍坊	2年	儿子、儿媳、孙子、孙女	照看孙女	良好
L9	女	65	初中	工人	黑龙江齐齐哈尔	9年	丈夫	照看外孙	良好
L10	男	65	初中	工人	黑龙江齐齐哈尔	9年	妻子	照看外孙	良好

“老漂族”从生活了几十年的熟悉的家乡来到子女所在的城市社区，必然面临如何适应并融入的问题，在融入过程中难免会面临各种冲突与阻碍，这是因为人口流动不仅仅是简单的物理空间的变化，而是伴随着生活习惯、行为方式、道德习俗、价值观念、社会支持系统等各方面的变化，这是一个多方面的、持续而复杂的过程。流动人口在这个过程里可能会遭遇多重挑战而有无助、失望的心理感受。与年轻的流动人口比较，他们的适应和应变能力较低，在流动过程中会遭遇更多挑战，社会适应和融入的压力更大。

1. 经济融入

经济基础决定上层建筑，经济收入是保障我们日常活动顺利开展的基础。经济融入也是整个社会融入的基础，只有在完成了经济融入之后，才有可能实现文化、社区、心理等各个方面的融入。“老漂族”的经济融入情况可以从就业收入情况和居住满意度两个方面探讨。

(1)就业收入。“老漂族”的生活来源主要包括自己的收入、子女的支持以及社会救助和政府补贴三部分。调研发现，子女的代际支持是“老漂族”经济来源的主要组成部分。大多数老人表示，日常开销主要由子女提供。城一城流动老人由于之前有工作，通常还有退休金。乡—城流动老人则表示，年满60周岁能拿到国家提供的养老金，但是养老金存在地域差异。有的老人表示，一个月可以领到 108 元，有的老人则表示能领到 80 元。另外，与配偶同来的男性老人，有的选择了寻找一份工作。如个案中的 L2、L4、L10，这三位老人目前在天津都有工作。其中 L2 是在一个工厂做门卫，L10 是在一个小区做门卫，L4 是在王顶堤商贸城的一家服装店卖服装。他们每月都有两三千元的收入，可以说还有一定的经济来源。与之相比，"老漂族"中的女性都是照料孙辈、做家务，没有出去寻找工作的，也就谈不上有自己的收入。

(2)居住满意度。"老漂族"在城市的活动范围主要集中在家庭和社区，家庭是以住房为载体而存在的，住房作为一项基本的生活资料，对于人们的生活满意度和幸福感有着重要的影响。"老漂族"的居住实态包括居住形式和居住条件，居住形式指的是老人是否与子女合住，而居住条件包括住房面积、住房设施等情况，这两者对老人住房满意度的影响同样重要。访谈发现，那些不与子女住在一起、独立居住的老人，居住满意度较高，适应程度更好，生活不适更少。如个案 L6、L7 是老两口单独居住，L9、L10 也是老两口单独居住，他们对目前的生活已经比较适应。由于孙辈已上小学，他们的主要任务是接送孩子上下学，平日生活相对清闲了很多。

L9：我们现在各过各的，不跟他们住一起了。又给我们买了个两室的，就我俩(指她和她老伴儿)住，够住了……就是孩子，咱给接送，再做做晚饭。

L6：之前住一起的时候，确实不太方便。现在我们住理工大学院里，白天去给闺女家收拾屋子，下午五点去接外孙女放学，完了呢，给他们做晚饭。吃完饭，我们就回去。

而那些跟儿女们住在一起的老人大多则表示，因为房子不够大，空间有限，日常生活存在诸多不便，居住满意度较低，言语间表露出对老家生活的向往。

L3：以前住的是两室的，太小了，等到有了小孙子，又租了这个，三室的，也是挤得慌。没办法，房价太贵，租这一个月达 3000 块钱。

买更买不起了。

L5：住一起，不方便，不自由。就一个厕所，特别不方便。老家多好啊，北边四间，东边四间，敞亮，一推门就出去了，多好啊！

2. 文化融入

这里的文化融入主要指“老漂族”对流入地的语言文化、气候环境、风俗习惯和价值观念等方面的认知、认可及融入程度。

(1)语言方面。我国因地域辽阔，各地的语言具有浓厚的地方特色，不同地区的居民使用不同的方言。当人们从一个地方来到另一个地方，首先感受到的就是语言的差异所带来的沟通障碍。调研发现，语言差异确实给“老漂族”文化融入带来一定的困扰。被访老人都表示，他们能听懂天津话，但是家乡方言比较浓重的老人觉得本地人听不懂自己说话，所以没法交流。从中也可以看出，语言确实阻碍了老人与本地人的交流。

L5（河北衡水人）：天津人说话，咱能听懂。人家可能听不懂咱说话，你跟人家说话，人家也不搭理你。

L8（山东潍坊人）：能听懂，就是咱说话快，人家听不懂。也没法跟人家说话。

(2)气候方面。我国地域辽阔，各地的气候条件差异较大。从老家来到天津，“老漂族”对气候方面的差异也有所感受。大多数老人都认为，天津天气干燥，夏天热，但是总体上还比较适应，这可能与被访老人多为北方人有关，老家和天津在气候上的差异不是特别突出。

L8：我觉得吧，这里比老家干燥，经常口渴，想喝水，在老家喝不了这么多水。这里夏天好像也比老家热，老家没这么热似的。

L9：这边夏天热啊，东北凉快，不过冬天这里暖和，比东北好。总体吧，也还适应。

(3)生活方式、风俗习惯。布迪厄指出，习惯是一个人在长期实践中经久形成的持久而又潜在的行为倾向系统，它存在于实践者的身体和行为之中。“老漂族”在家乡几十年的生活中早已形成了自己固有的生活方式和习惯，突然来到陌生的城市和儿女家中，必然会经历生活方式等诸多的不适应。大部分被访老人都感觉，天津的风俗习惯跟老家差别不大，没有特别不适应的地方。而在生活方式方面，因与儿女同住一个屋檐下，日常生活有了更多交集。两代人由于文化水平和生活环境不同，思想观念和生活方式也存在多种差异。这些差异表现在日常生活的方方面面，包括吃饭的口味、作息等琐细之事。

L1：天津管女的，不管多大，都叫姐姐，这个刚来的时候不习惯。

L3：刚来的时候，炒菜咸了甜了的，口味不一样，时间长了，才慢慢适应了。

L5：生活习惯不一样，他们起得晚，特别是星期天，我把饭都做好了，他们也不起来。

L9：俺那女婿，一天到晚捧着个手机，也不跟我们说话，可烦人啦……就跟手机最亲了。

（4）价值观念。调研发现，“老漂族”与邻里和当地人的交流很少，只限于打个招呼、聊聊家常，他们接触最多的还是自己的子女，所以价值观念差异主要是两代人之间的差异。通过访谈了解到，他们在消费观、育儿观等方面与子女存在诸多的摩擦和矛盾，需要经历一个较长时间的磨合过程。甚至有些老人存在一些埋怨和不满心理。

L9：有时也看不惯他们（指她的女儿女婿），花钱大手大脚的，光那化妆品，都几千块钱一套，不过反正人家也能挣……他们喜欢旅游，有时间就出去，爱去哪儿去哪儿，咱不管。

L5：嫌咱喂（孩子）得不科学，不磕着碰着就行了呗。她（指儿媳）喂得科学，让她喂去吧。

另外，在社会角色观念方面，两性老人都将“男主外、女主内”“女性更适合带孩子”等传统观念内化了。男性老人普遍认为带孩子就是奶奶（姥姥）的责任，自己不适合。而女性老人也普遍觉得，在帮儿女带孩子这件事上，自己负有不可推卸的责任。正如陈盛淦、吴宏洛的研究发现，女性随迁老人有更强的子代责任意识，照顾儿孙的责任伦理意识更强。[1]

L5(女):没办法,咱不给带(孩子)谁带……她爷爷哪里会带?一个男的家,不会。

L8(女):这(指带孩子)是应尽的义务。一个上学,一个正缠手的时候,就得来给帮帮忙……

L4(男):孩子,他姥姥给带就行,我可在家里待不住,就出来找个活儿干。要不出来上班,我早回家了。

3. 社区融入

社区是人们接触社会、参加社会生活的第一场所,对于人的社会化和社会参与具有独特的功能。除了家庭之外,"老漂族"立足城市的主要场所就是社区,因而社区对"老漂族"实现社会融入有至关重要的作用。张惠研究认为社区参与是随迁老人是否直接或间接介入社区发展的行为和过程,包括参与社区组织、社区活动,这些都能体现随迁老人在新社区的社会融入程度,且参与社区活动还会提高与其他人社会互动的频率,增进彼此间的感情,促进更高层次的社会融入。[2] 可以从社区人际交往情况和社区活动参与两方面来考量"老漂族"的社区融入情况。

(1)社区人际交往。这里的社区人际交往是指"老漂族"与社区居民、邻里之间的人际交往。在日常生活中,"老漂族"除了照顾孙辈、打理家务,还会有一定程度的社交活动。"老漂族"由于年龄偏大和来自外地,在城市社区中的交往通常表现出浅显的特征,交往对象较少,交往程度较浅。调查发现,流入时间长和来自城镇的老人,社区人际交往情况稍好些,大多都表示与邻里经常往来、互相帮助或一起活动。

L6:也算有朋友吧,经常和三楼、十一楼的邻居一起去超市买菜,

---

① 陈盛淦、吴宏洛:《二孩政策背景下随迁老人城市居留意愿研究——基于责任伦理视角》,《东南学术》2016年第3期。

② 张惠:《随迁老人社会融入个体影响因素研究——一个生命历程的分析视角》,华东理工大学2015年硕士学位论文。

晚上遛弯啥的。

L9：来这么长时间了，邻居啥的也都认识了，平常也打招呼，聊天。要说特别好的朋友，那少，亲戚啥的都在老家那边。

比较而言，那些流入时间较短或来自农村的老人的社区邻里交往更少。他们大多表示，亲戚朋友都在老家，这里交往的人很少，没有朋友。

L5：以前住凤桥园的时候，有河间的老乡，还说说话。现在住这里了，谁也不认识。天津人也瞧不起人，你跟人家说话，人家也不说。再说，这一天，看孩子，做饭，也没那时间。

L8：邻居，就跟2门嘟嘟家很熟，经常串门，别的也就是在楼下看孩子那几个认识，打个招呼，说句话。

(2)社区活动参与。社区参与是“老漂族”是否直接或间接介入社区发展的行为和过程，包括参与社区组织、社区活动(包括娱乐与政治等活动)，这些都能体现老人在新社区的社会融入程度，且参与社区活动还会提高与他人社会互动的频率，增进彼此间的了解，促进自身的社会融入。调查发现，大部分“老漂族”的社区参与很少，缺乏社区参与的主动性和积极性，在政治活动的参与上几乎为零。在娱乐活动方面，个别女性“老漂族”对广场舞等娱乐活动有一定的热情，会经常参与这类社区活动，而男性“老漂族”的参与更少。一方面，有些男性“老漂族”要上班，闲暇时间不太多。另一方面，这与女性比男性更愿意参加群体活动、更喜欢热闹也有一定关系。

L6(女)：晚上跟邻居遛遛弯，跳跳舞，锻炼锻炼身体嘛。

L2(男)：社区活动，没参加过。我上夜班，白天就在家歇歇，再有时间了呢，就看会儿电视。

L4(男)：一般不跟邻居打交道，小区活动也不参加，就门口看门的几个人我认识。

L7(男)：我跟邻居基本不认识，也不参加社区活动，自己溜溜弯，锻炼锻炼就行了。

4. 心理融入

心理融入是整个社会融入体系中最难也是需要时间最长的部

分，主要是指“老漂族”对居住城市主观上的认同感和归属感。流动人口对居住城市的认同感和归属感是社会融入的重要标志，不仅关系到“老漂族”的城市适应，还影响到“老漂族”的身心健康和晚年幸福。

(1)身份认同。身份认同是指流动者对自己是谁、从何处来、将去向何处的思考及认知，它既包括认同意愿，也包括认同的结果。身份认同是整个社会融入过程中最根本的问题。“老漂族”的身份认同其实就是对于自己是本地人还是外地人的身份识别。“老漂族”很难实现社会融入，尤其是那些从农村来到城市的“老漂族”，他们始终认为自己是农村人，是外地人，对自己的外地人身份有很强烈的体认。

L1：咱肯定是外地人，农村跟城市差别太大了。

L8：肯定不是(天津人)，咱是山东的，改不了。

(2)归属感。归属感是指当个体被地域及群体所接纳时的感受，是自我实现的途径。[①] 大多数“老漂族”将自己及自己的未来定位在老家，认为自己只是迫于无奈暂时居住在这个城市而已，对目前居住社区没有归属感和主人翁意识，始终有客居感。虽然城市的物质生活、硬件设施、居住环境等各个方面为流动群体提供了便利和舒适，提高了他们的归属感，但是对于大多数“老漂族”而言，城市无法替代拥有原生地缘与亲缘的故乡。他们只是为了照顾孙辈而来到这个城市，这里是儿女的家，自己最终还是要回到自己的老家。那些从农村出来的老人，这种漂泊感更强烈。他们虽然身处天津，但是心里却一直想着离开。

L4：还觉得自己是外地人，肯定的，没有归属感。这里终究不是自己家，早晚得回去。我跟她(妻子)说，等孙子大了，不用咱了，咱就回去。在这里干什么？给孩子增添负担。

L5：这不是自己家，不方便，在儿媳妇手底下过，到老不行……能

① 杨菊华：《浅议〈居住证暂行条例〉与户籍制度改革——兼论居住证与新型城镇化》，《东岳论丛》2017年第3期。

逃我就逃啊……

(3)心理压力。彭大松、张卫阳、王承宽的研究发现，在流动初期，由于需要适应新环境和脱离熟悉的交往圈，老年人面临多种心理压力，从而使其心理健康状况下降。随着时间的推移和老年人对当地生活的适应，其心理健康将会逐渐恢复原有水平。此次访谈发现，流入时间长短确实影响了“老漂族”的心理压力。那些流入时间长的老人已经基本上适应了目前的生活，适应状况较好。

L3(来津 13 年)：刚开始不适应，这么长时间了，也适应了。我大孙子出生，我就来了，现在我小孙子四岁多了，都是我给带的。

L6(来津 11 年)：从 2008 年我外孙女出生，我就过来了。中间也回去，但一般每年都得在天津待半年多吧，都习惯了。

相对而言，那些流入时间短的老人，话语间透露出的心理压力较大，存在较为严重的压抑和无奈情绪。

L5(来津 3 年)：不习惯，我这是没办法，能逃我就逃啊。

L8(来津 2 年)：乍一来，确实不适应，农村跟城市还是不一样……等孩子大点了，上幼儿园了，我就回去……家里他爷爷自己在家里，也不会做饭，不拾掇，跟光棍似的，时间长了也不行。

(4)未来打算

未来打算是心理融入的关键指标，只有实现了心理融入，才可能有长期居留和在此养老的打算。未来打算主要包括居留意愿和养老打算两个方面。调研发现，与乡—城流动的老人相比，城—城流动的老人长期居住和在天津养老的愿望更强烈。那些乡—城流动的老人多数没有长期居住的打算，对于养老问题，也暂时没有考虑，他们大都表示，等到自己确实需要人照顾了，再做打算。这表明，在心理融入上，城—城流动老人的融入度好于乡—城流动老人。

L6：以后就在天津养老了，这边闺女也给买了房子了。这是大闺女，二闺女在老家。给大闺女家带孩子带得多，接送，现在也离不了，二闺女家有婆婆给带，所以就得跟大闺女住。

L9：跟这儿买房子了，跟姑娘家一个楼，东北回得少了，就一个姑娘，不跟她跟谁啊？肯定在这儿养老。

L5：等孩子大点儿了，上幼儿园了，我就回去，毕竟家里还有块果园……在这里也惦记家里，特别是忙的时候，这不过两天就忙了，要摘草莓了，他（指她老伴儿）一个人摘不了……总觉得住楼吧，不大适应似的，他们是叫我们来，我们是不愿意待在这个地方。（农村）住习惯了，一规划新农村，也挺好的……等年纪大了，动弹不动了，没办法就得来。趁我们还能自理，少给他们添点儿负担。

三、"老漂族"社会融入的影响因素与对策

（一）影响"老漂族"社会融入的主要因素

1. 个体因素

个体是社会融入的主体。影响"老漂族"融入的个体特征主要包括性别、性格、受教育程度和身体状况等。一般而言，那些身体健康、心态积极乐观、性格开朗、受教育程度较高的老人更容易适应新的生活，其休闲生活通常也会更加丰富，更容易克服生活中的困难。从性别差异来看，男性老人比女性老人更能理解与儿女的代际差异，女性老人容易引起摩擦，尤其在婆媳关系处理上更易产生矛盾。如果男性"老漂族"不愿意待在儿女家里，在气候、饮食、家庭关系等方面不适应，通常忍耐力更差，要么选择回老家，要么出去找份工作作为缓解。对于女性来说，由于传统性别角色分工赋予的照料责任而选择忍耐，居住的时间更长久。

L4（男）：我这是有份工作（在王顶堤商贸城卖服装），要不，我早走了。外孙，主要他姥姥给带，我去上班。

L5（女）：爷爷来住了十几天，受不了了，回去了。现在人都混独了，没法一起住。我这是没办法了。不给看（孩子）谁看啊？她姥姥人家在家纺线挣钱，她闺女疼她妈妈，也不让来。没法了……

2. 家庭关系

随着老人跟随儿女一起生活，儿女的核心家庭也变成了临时主干家庭。主干家庭的家庭关系通常更为复杂。这里的家庭关系指父

代和子代之间的关系，主要包括亲子关系、婆媳关系、翁婿关系等。与同住子女的关系融洽与否、所处的家庭特点、是否与老伴居住在一起是重要的影响因素。与单独外出的老人相比，那些与配偶一起随迁出来的老人会更有安全感和归属感，也更加乐观开朗，其耐挫能力也显著强于独自生活的老人或老伴不在身边的老人，在社会融入上表现得更好。在调查中发现老人较多处于“被分居”的状态，女性老人有相当一部分是独自在津照顾孙辈，与配偶分居两地。访谈发现，与同住子女的关系好坏和交流沟通直接影响老人的社会融入。与子女的良好关系可以为老人提供重要的情感支持。如个案L3、L8与儿子儿媳的关系不错，所以也比较适应目前的生活。

L3：跟儿子儿媳没闹过饥荒，没翻翻（注：吵架）过，媳妇脾气好，我脾气也好，俩好才成一好。

L8：儿媳妇性格好，真是不错，我挺知足的……隔一段时间就让我回去，怕我惦记家里，回去住几天。冬装、夏装、鞋、袜子，都提前给买好，她也知道我穿多大的。一说要回去了，就给他爷爷买好衣服、袜子、鞋什么的，带上烟、酒……我没文化，手机什么的不会使，这个发语音、发视频、发微信什么的，都一点点教我……有个好儿媳妇比有个好儿子强……我觉得我们就是闺女和娘那种感情，没觉得她是儿媳妇。

而个案L5一再抱怨与儿媳妇生活在一起的种种不适，特别不适应目前的生活。

L5：她做什么，我从来不问，不怎么说话，不抬杠。儿媳妇跟闺女不一样啊。哪句说的不到了，就犯恶（注：生气）……洗衣机，全自动的，我不会用，也不说教教我。我也不问，我拿手搓搓就行了。

3. 城乡因素

由于我国长久以来的城乡生活环境差异显著，来自城镇还是农村也成为影响“老漂族”社会融入的重要因素。由于城市间生活方式存在相似性，那些城—城流动的老人在城市生活方式的适应上更为容易。

L7：生活方式嘛，北方都差不多吧，老家跟天津，我觉得差不多。

L10：生活差不多，没什么不适应。就是别跟儿女们住一起，就没啥大事。

而那些农村户籍的老人则由于长时间生活在乡村环境中，对城市生活方式的适应存在难度，在社会融入方面存在更多障碍和困难，而这部分人口也是促进“老漂族”社会融入中亟须被关注和重视的人群。

L5：不习惯，这里菜贵了个贵，家里什么都便宜。这里的面条两块钱一斤，家里一块七一斤。吃面条，我自己擀，擀一回，也能吃两顿。这里老豆腐两块五一碗，家里买三块钱的，给好几碗，吃不清。

（二）促进“老漂族”社会融入的对策建议

1.营造良好家庭关系，强化代际支持

在研究中发现，良好的家庭关系和代际关系可以为老人提供重要的情感支持，在促进“老漂族”社会融入中有着关键作用。所以，需通过社区、媒体等广泛宣传，提高子女对这一问题的认识，改变他们关于“老人给带孩子是天经地义的”想法，促使子女给予老人足够的包容、体谅、关注和耐心，给予他们更多的精神慰藉，多花时间与老人沟通，主动积极地进行文化反哺，努力消除隔阂，促进老人更好地融入当地生活。当然，老人作为父辈也要放下架子，在生活方式、社会态度等方面多向子辈学习，主动积极适应城市生活。

2.提升社区建设水平，促进男性“老漂族”的社区融入

研究发现，男性“老漂族”的社区融入存在更多问题，需要提升社区的组织建设和服务水平。根据“老漂族”的群体特征和生活状态，社区工作者要主动联系社区中的“老漂族”，协助他们建立以“老漂族”为主体的组织，提高“老漂族”的社区参与水平，增加他们的人际交往机会，丰富他们的闲暇生活。要强化社区责任，发挥社区组织的协调作用，定期开展丰富多彩的文体娱乐活动，主动吸纳“老漂族”加入。积极为“老漂族”与本地居民交往互动搭建平台，提高“老漂族”对社区的归属感和认同感。

3. 运用社会工作介入缓解女性“老漂族”的心理压力

针对女性“老漂族”心理压力较大且愿意倾诉的性别特征，社会工作者可以利用专业介入方法，帮助老人解决日常生活中遇到的实际困难，给那些心理压力较大的老人提供心理疏导和情绪辅导。也可以运用小组工作的方法，组织社区里的女性“老漂族”开展各种类型的小组活动，增加本地老人和“老漂族”互动交流的机会。此外，可以整合社区的各项资源，为照顾孙辈而身心疲惫的女性“老漂族”提供服务，减轻照顾负担和负面情绪，获得一定的休息时间。

4. 社会保障政策需尽快覆盖“老漂族”

目前流入地政府对“老漂族”问题的关注度还有待加强，很多社会福利和保障政策都将这一群体排除在外，“老漂族”处于流入地和流出地都不靠的尴尬境地。在城乡福利待遇差异方面，乡—城流动的老人有很深刻的体认。所以流入地应尽快出台政策，让福利政策更多地惠及“老漂族”，如给予“老漂族”免费乘坐城市公交等优惠待遇。另外，要切实解决好老年人最关心和最需要的异地医疗问题。在访谈中很多老人都提及异地医疗报销很不方便的问题。目前我国各大省市基本实现了跨省市异地住院费用直接结算，但是一些具体问题如简化报销手续、提高报销额度等还亟待解决。

本章小结

在受流动影响的儿童群体包括流动儿童和留守儿童中，性别比有所差异。分年龄段比较二者性别比呈现此消彼长趋势。3～5 岁学龄前和 6～14 岁义务教育阶段流动儿童性别比明显高于留守儿童；14 岁以后流动儿童和农村留守儿童性别比差异逆转，流动儿童性别比低于留守儿童，17 岁的流动儿童性别比甚至跌到 100。流动儿童和留守儿童性别比的差异体现了流动人口在选择携带子女一起外出时存在的性别偏好。

在社会化和成长过程中，留守儿童和流动儿童存在各种问题。

而分性别来看，男童和女童的差别比较显著。留守男童存在更多的品德问题以及行为不良现象，而留守女童的心理健康问题更严重，存在更多忧郁、自卑和焦虑等不健康心理。留守男女童在父母离家后性格和学习方面的变化差别较大，留守男孩受到的负面影响远大于留守女孩。流动儿童群体中女生的社会适应水平显著高于男生。流动儿童群体中劳动力阶层子女受教育质量存在性别差异，男生多数羞涩内向，而女生则积极大胆，更善于在课堂互动中表明自己的观点，且有班级主人翁意识，能积极协助教师管理好班级。

老年流动人口的性别差异方面，女性流动老人的受教育程度整体低于男性。男性流动老人比女性流动老人经济更加独立，务工经商型老年流动人口中以男性为主，非务工经商型老年流动人口中以女性居多。这与传统的社会性别角色分工观念息息相关。具体到“老漂族”这一特殊的老年流动人口，他们的社会融入状况受多重因素影响，包括性别、受教育程度等个体因素、代际关系的和谐程度、来自城市还是乡村等方面。但是即使同为“老漂族”，两性间仍存在一些差别，男性老人比女性老人更能理解与子代的代际差异，女性老人容易引起摩擦，尤其在婆媳关系处理上更易产生矛盾。如果男性“老漂族”不愿意待在儿女家里，在气候、饮食、家庭关系等方面不适应，通常忍耐力更差，要么选择回老家，要么出去找份工作作为缓解。比较而言，女性“老漂族”照料孙辈的责任伦理意识更强，对目前的生活更多地选择忍耐，居住的时间更长久。在社区融入上，女性“老漂族”在社区交往和社区活动参与上略好于男性“老漂族”。

第五章　流动中性别关系的延续与重塑

改革开放以来，史无前例的乡—城大流动将农村两性群体都裹挟进流动大潮中，不仅打破了农民日常生活的地理边界，也打破了原有地缘组织和基于其上的关系，流动已成为影响当今中国农村社会变迁的一个重要因素。学界对流动与性别的研究有两种代表性的观点：一种观点认为流动会推动性别关系走向平等；另一种观点则认为流动不会推动性别关系走向平等。笔者的观点是，流动重塑了传统的性别关系，总体而言更趋向于平等，但是不平等也继续延续，即延续与变迁并存。传统社会性别规范影响和制约了两性的流动，流动反过来也重塑了传统的性别规范，二者是互相建构的关系。具体而言，性别关系包括权力关系、地位关系、情感关系等方面，权力大小往往决定地位高低，所以本章中将性别的权力、地位关系合在一起考察。同时性别分工、性别观念既是性别关系的影响因素，也是性别关系的表现，因而性别分工和性别观念也是本章分析的内容。

第一节　流动中性别权力(地位)关系的延续与重塑

一、代际关系的维系与重塑

(一)从父主子从走向平等

传统的农村家庭体系是建立在性别和年龄的基础上的，年龄和性别构成了农村家庭权力的基础。其主要特点是父主子从、男主女从，家庭中的父亲拥有绝对权威，未婚子女尤其是女性在家中几乎没有发言权。而随着乡—城人口的大规模流动，大量未婚女性走出家门、走入城市，实现家外就业。子女的跨地域流动和非农就业改变了家庭的收入来源结构而挑战了传统的家庭性别关系。年龄所带来的家庭权力逐步衰微，原有的家庭性别关系不断地受到挑战。流动给传统的性别权力(地位)关系带来的影响就是代际关系趋向平等，子女尤其是未婚女性拥有了一定的话语权和自主择偶权。一个观察者就明显看到了妹妹外出打工后家中话语权的转移："我妹她春节一回来，就这也看不惯那也看不惯，对爸说：我出钱，把家里重新装修过！我爸他也没话说了，平时他在家说一不二，但他承认现在我妹见过世面比他懂得多。"①同样，外出对家庭权力关系层面的影响也表现在择偶尤其是女性的择偶自主性方面。未婚外出女性更加注重择偶的情感因素，择偶方式倾向于自己选择对象；在婚姻目的上更注重情感；择偶标准上更重视对方的人品、技能等方面。女性拥有了更多的择偶自主权，不再顺从于父母之命、媒妁之言，甚至还有女性将外出打工作为逃避不理想婚姻的重要手段。从一些调查中可以看出，与从未外出女性相比，外出女性更倾向于婚姻自主。认为婚姻完全由父母决定的外出女性比例仅为1.4%，从未外出女性的比例为6%；认为婚姻由自己决定，父母认可的外出女性比例高达63.1%，从未外出女性比例为46%；认为婚姻完全由自己决定的外出女性比例为22%，从未外出女性比例仅为9.9%(具体见表5—1)。

表5—1 不同类型女性对婚姻自主权的态度

您认为婚姻应由谁做主?	外出女性		从未外出女性	
	人数	比例(%)	人数	比例(%)
完全由父母决定	6	1.4	19	6
父母决定，自己认可	59	13.5	120	38.1

① 金一虹：《流动的父权：流动农民家庭的变迁》，《中国社会科学》2010年第4期。

续表

您认为婚姻应由谁做主?	外出女性		从未外出女性	
	人数	比例(%)	人数	比例(%)
自己决定,父母认可	275	63.1	145	46
完全由自己决定	96	22	31	9.9

资料来源:王东平:《流动还是留守——城市化进程中农村女性劳动力流转问题研究》,中国社会科学出版社2011年版,第82页

流动冲击了传统的代际关系,其主要原因在于:

首先,人口的跨地域流动削弱了父辈对子辈的控制能力。正如金一虹所言,跨地域流动是一个“脱域”的过程。“脱域”既意味着对原有地理边界的穿越,也意味着对旧有关系的突破。① 传统农民的日常生活是基本固着于一地的,代际关系也是基本固定的。拉德克利夫·布朗(Alfred R. Radcliffe-Brown)认为,亲属关系只有在具有地理上的相近性时,才可能对社会生活产生持续的影响。② 稳定有序的亲属关系和代际关系是基于宗族聚集而居基础之上的,而传统习俗,包括家庭制度中体现的辈分、年龄、性别的等级秩序以及与此相关的规范性知识,也是以世代扎根于特定地方的固着性为基础的。大规模的人口流动改变了人们居住的稳固性。进入21世纪以来,年轻夫妻共同外出打工的比例在上升。他们更多的时候是在务工城市居住,在地理空间上已经独立于父辈,流动中社会关系网络重构、打破了原有的血缘与地缘的秩序结构。人口的跨地域流动显然极大削弱了父辈对个体、特别是年轻一代的影响能力,代际关系呈现出更新气象。

其次,未婚女性外出带来的经济贡献增加,带来了家庭地位的上升。传统农村家庭的收入来源主要为男性主导的田地劳作和耕种,而外出务工则让女儿成为重要的收入来源。她们的经济收入与务农在家的父辈相比,几乎跟他们持平甚至超过他们,她们在经济上获得

① 金一虹:《流动的父权:流动农民家庭的变迁》,《中国社会科学》2010年第4期。

② 金一虹:《流动的父权:流动农民家庭的变迁》,《中国社会科学》2010年第4期。

独立，无形中提高了她们的家庭话语权，更多地参与到了家庭的实际决策过程当中。同时与外界联系的增强，使女儿逐渐成为家庭中的重要成员。农村女性劳动力外出务工，塑造了新的更为灵活的性别分工模式，增强了女性对于家庭收入和财产的支配权，塑造了新的自我肯定的自我意向和社会定位。当然，家庭性别关系的变化和女性权力的提升早在人口大规模流动之前的现代化进程中就已经开始了，但是必须承认流动确实加速了这种变化进程。就业性流动给农村女性带来最具意义的变化，是一个具有独立主体意识的新兴女性打工群体的形成，正如潘毅将“打工妹”群体的诞生称为“全面现代化工程中的一个主体建构的过程”。[①] 尽管“打工妹”是一个高度流动变化的群体，但外出打工对女性主体性的确立具有不可忽视的意义。当她们摆脱了家庭的直接影响，提高了个人主体性，在迁移自由、自主决策、经济收入和社会资源的获取、能力增长等方面都取得了长足进步，她们与家长的协商能力甚至抗争能力都大为增强。

再者，年轻子女掌握了新的知识而导致家庭权力增加，家庭代际关系趋向平等。子女外出务工提升了自身在家庭中的地位，同时也改变了家庭的权力关系，促使家庭代际关系趋向平等。年轻子女不仅在经济方面表现出优势，也比父辈更快更多地掌握了新的知识。现代知识和信息发展迅猛，父辈已经难以跟上步伐，年轻人成为新的知识信息的主要拥有者和阐释者，从而导致了家庭权力的增加。父辈则由于知识和信息的欠缺和匮乏，难以跟上时代的潮流，很多事情依赖子辈，因而失去往日的权威。安徽省牌坊村曹兴宝、曹兴让等老人都说：“儿子在外跑大码头”“知道的多”，因而盖房子都是他们拿主意，婚姻也随他们自己。“他们在外面见多识广，我们哪能管得了他们的事情？”[②]反映出老人对于自己在家庭中地位下降、对子女影响

① 潘毅著，任焰译：《中国女工——新兴打工阶级的呼唤》，明报出版社 2007 年版，第 11 页。

② 周伟文、严晓萍、刘中一：《生存在边缘——流动家庭》，河北人民出版社 2002 年版，第 88 页。

力减少的无可奈何的心态。有些老人看到子女在外出谋生的过程中，确实开阔了眼界，增长了见识，也就主动“让贤”。如一位打工者所说：“这几年我爸爸基本对我们的事不管了，他说我们在外面见多识广，处理事情上也比他周到，他很放心我们。我们家的事，包括我弟弟妹妹的事，他都和我商量，都征询我的意见。”①

（二）男主女从的特征依然存在

从前述分析可以发现，农村传统家庭体系中的父主子从这一特点变化明显，代际关系呈现更新气象，但是其中的男女有别、男主女从这一特征却依然存在。在部分家庭中，儿子的话语权大于女儿。在子代的儿女身上奉行不同的家庭责任观等都清晰地反映了这种差别。正如在外打工的部分女孩所言：“我说话，我爸也听，但是肯定更听我哥的。儿子嘛，他们更看重。”“我们家的事，我也能发表意见，但是基本上都是我俩哥哥做主……”在儿女成家之前，对于同样外出打工的女儿和儿子，父母对他们的家庭责任要求就有差别。女孩结婚成家之前就负有帮助兄弟成家立业的道义——从打工资助他们上学读书、盖房子到结婚各种大事。女儿劳动挣到的钱交给父母，父母除了将一部分用于添办嫁妆，主要是将其用于为儿子读书、盖房、娶媳，维系家庭的再生产。而男孩外出打工，却很少有存钱、往家里寄钱的压力。女孩对娘家的义务凸显，权利并没有同步增加，包括受到更好教育的权利。

有些女孩即使在出嫁之后，对娘家的义务还没有完成。根据金一虹对江村、常村、白村等江南农村社区的调查，出嫁女儿对娘家的义务有：维系和娘家日常生活的礼尚往来，参与娘家的各种喜丧庆典，祖先祭祀；和兄弟们分摊父母的医疗费用、丧事费用等；辅助娘家兄弟完成维系家族延绵的义务。② 而到了儿子那里，情况则不同。

① 周伟文、严晓萍、刘中一：《生存在边缘——流动家庭》，河北人民出版社 2002 年版，第 160 页。

② 金一虹：《中国新农村性别结构变迁研究：流动的父权》，南京师范大学出版社 2015 年版，第 98 页。

部分家庭中的父辈因为已没有经济上的优势而失去了往日权威，父辈和儿子的代际关系向儿子本位改变，以儿子利益最大化为标准。在儿子成家之前，父母就要努力积攒钱财用于儿子的结婚成家。儿子成家之后，父辈依然会为了儿子和孙辈付出一切。而父辈却对儿子要求甚少，“孩儿们出去打工挣来的钱，只要顾住他一家就行了，年轻人花钱太厉害……你给孩子付出十个，孩子能回报你一个就行。多了给我我也不要，孩儿们也真不容易”。① 甚至儿子中还有一些啃老族，不但不为父辈提供经济支持和精神慰藉，还继续依靠父母生活或者让他们代为抚养孙辈。

二、夫妻权力(地位)关系的延续与重塑

夫妻关系是指男女双方由缔结合法婚姻而产生的在家庭领域的角色关系，以夫妻双方的权力和地位为核心。在现代家庭中，夫妻关系逐渐取代了父子关系，成为家庭关系的轴心，是其他家庭关系的基础。夫妻关系状况成为衡量家庭关系的一个重要因素。家庭关系都是围绕着夫妻关系来展开的，因此，夫妻关系的好坏在某种程度上决定着整个家庭和睦与否。流动人口的夫妻关系则因夫妻双方是否同时流动、同时向城市转移而分为一方流动家庭(称之为“半流动家庭”)的夫妻关系和双方都流动家庭(称之为“双流动家庭”)的夫妻关系。其中“半流动家庭”是指夫妻双方一方流动在外，另一方留守在家，一年中至少有三分之二的时间处于夫妻两地分离状态的农民家庭。“双流动家庭”是指原籍在农村，夫妻双方一同或先后外出到城镇务工或经商，现居住在一起的家庭。

目前，国内夫妻权力关系和家庭地位问题紧密联系，对于这一问题大多采用定量的研究方法，对于如何测量、解释权力关系，如何对夫妻双方的地位进行评价，学界主要有“经常性管理权重说”“重大家庭事务决定说”“受访者客观认同说”“家庭实权测量说”和“多元指标

---

① 金一虹：《中国新农村性别结构变迁研究：流动的父权》，南京师范大学出版社2015年版，第351页。

综合说”等几种解释模型。卢淑华、徐安琪等学者认为，家庭重大事务决策权的拥有意味着在家庭中占有权威地位，妻子拥有更多的家庭实权与婚姻质量呈正相关。有的学者进一步研究表明，以家庭实权这一具有结合性优势的指标来分析权力问题的有效性更高。随着研究的进一步深入，学者提出了“在夫妻权力和家庭地位的测量中，应当注重个人在家庭生活中的自主权和婚姻角色平等的主观满意度两方面的研究，并且应当采用质性和量化研究相结合的方法”。郑丹丹和杨善华认为，在现有的家庭权力研究中是以“静态的剖析”为主，导致对家庭互动过程中的权力体现无法深入研究，因此她们以福柯的权力观为根据对家庭中的夫妻权力问题进行了研究，认为权力是流动的，是寄寓在一系列事件之中的，可以通过考察夫妻之间的行为互动过程和一系列事件的叙述和刻画来对夫妻的权力关系进行分析。因为家庭权力“总是以一种关系、事件的流动形态出现在家庭中，调节或决定家庭中格局的变化”，并且“在夫妻互动的过程中，关系定势、权宜性行动和权力策略总是相伴相生的”。根据郑丹丹、杨善华的观点，结合测量妇女地位的常用指标，可以从夫妻双方的主观评价尤其是丈夫对妻子的评价、家庭日常事务和重大事务决策权、妇女行动的自主性三个方面来测量流动家庭的夫妻权力关系。通过研究我们发现，无论是“半流动家庭”还是“双流动家庭”的夫妻权力（地位）关系都在流动中获得重塑，显示出趋向平等的特征。

（一）“半流动家庭”的夫妻权力（地位）关系

1. 丈夫对妻子的评价更积极和正面

丈夫外出之前，妻子对家庭经济的经济贡献是通过丈夫的贡献来间接体现的，通常是隐性的。丈夫外出后，从空间距离上与家庭生活割裂，妻子的家务劳动变得不可或缺，成为维持家庭生活的关键，体现出必需的劳动价值意义，因而对家庭的贡献凸显。她既需要干农活、做家务，还需要照管孩子、照料老人。吴惠芳对留守妇女的调查显示，很多丈夫都意识到了妻子对家庭的贡献。34.9％的外出务工丈夫认为妻子对家庭的贡献比自己更大一些，而有44.3％的被调查者认为夫妻双方对家庭的贡献差不多。处于 36～45 岁年龄段的外出务工者认为妻子对家庭的贡献更大的比例最高(40.4％)，半数以上(51.4％)的 35 岁及以下年轻外出务工丈夫认为自己和妻子对家庭的贡献差不多。[①] 外出务工的丈夫大多也都理解妻子在家留守的辛苦："她在老家，又看孩子，又下地，还得照顾老人，也很不容易"，"老婆在家里全心全意带小孩，也很辛苦的，很理解她"。[②] 丈夫认识到妻子对家庭的贡献，也理解妻子的不易，从而会改造其思想中的传统性别规范，推动男女平等的意识建构。

2. 丈夫外出导致权力弱化，妻子的家庭日常事务和重大事务决策权增强

家庭决策权的核心在于对家庭财务的管理和决策。丈夫外出务工，在家庭中长期处于缺位状态的情况下，有 71.4％的留守妇女自己掌管家庭财务；从丈夫外出务工前后掌握家庭财务管理权的留守妇女的比例变化来看，50％的留守妇女在丈夫外出后开始掌握家庭财务的管理权，实则是提高了自己在家庭经济决策中的地位。[③] 此外，留守妇女和非留守妇女家庭财务掌管情况的对比统计数据表明，自己单独掌管财务的留守妇女的比例比非留守妇女高出 53.3％。这些数字并不能充分说明留守妇女在家庭财务管理权方面的地位得到提升。一方面，她们在管理家庭财务时，对管理概念的诠释更多的是"看管"，或者说日常开支的管理，而当家庭遇到较大支出时，留守妇女会通过电话与丈夫商量或等丈夫回来之后才能定夺。杨善华认为，拥有家庭日常开支的支配权并不等于拥有家庭的重大事务决策权，而后者恰恰是家庭实权掌握者的体现。因此，为了考察家庭中留守妇女决策权的变化，必须分析家庭重大事务决策权的情况。与丈

① 吴惠芳：《留守妇女现象与农村社会性别关系的变迁》，《中国农业大学学报(社会科学版)》2011 年第 3 期。

② 马洁：《外出务工人员的家庭关系研究——以济南市 LC 区为例》，山东大学 2006 年硕士学位论文。

③ 吴惠芳：《留守妇女现象与农村社会性别关系的变迁》，《中国农业大学学报(社会科学版)》2011 年第 3 期。

夫外出务工前相比，留守妇女在子女教育方面的决策变得比丈夫更重要，以“妻子为主”进行决策的比例从14.9%上升至47.8%，同时“丈夫为主”和“夫妻共同”决策的比例下降；但在修建房子和购买大件家具、电器等事项的决策过程中，留守妇女的决策地位虽略有上升，但变化不大，仍以夫妻共同决策为主(48.9%，48.4%)，但丈夫决策的比例仍高于妻子；与留守妇女所承担的劳动分工相对应，她们在农业生产活动中的决策地位得到了很大提高，尤其是在种植面积和种类(57.5%)以及家庭养殖(80.9%)方面。① 在留守妇女家庭中，外出务工的丈夫在家庭重大事项的决策上虽仍处于核心决策地位，但与此同时，留守妇女的决策地位有所上升，在一定程度上削弱了丈夫在传统的“男主女从”模式下所拥有的权力。另一方面，留守妇女在子女教育和农业生产方面取得了比丈夫更高的决策地位，也说明她们因为这两个因素留守，对家庭的主要贡献来自这两个方面，同时也基本掌握了家庭中的这两个领域。徐敏对河南留守女性的研究表明，在家庭重大事务的决策权上留守妇女与丈夫趋于平权，留守妇女的决策权得到提高，但留守妇女在家庭重大事务决策中还是有着明显的“女主内、男主外”的特征。丈夫的外出给留守妇女提供了更多管理钱财的机会，因而提高了她们的财产支配权，但是由于经济来源受限，她们对财产的支配权还是有限。② 付蓉基于河南省固始县J村的调查研究也表明，“半流动家庭”中经济上依附于外出务工丈夫的留守妻子却在家庭中拥有支配性的地位。“半流动家庭”的女性可利用其“知识储备”，运用一系列的权力技术和策略提升其家庭地位；“半流动家庭”妻子的角色功能增多与情感需求的增强有助女性“依附性支配”地位的形成；家庭结构的变化和姻亲关系网络也在一定程度上推动女性“依附性支配”地位的形成，男女平等的现代文化与农

① 吴惠芳：《留守妇女现象与农村社会性别关系的变迁》，《中国农业大学学报(社会科学版)》2011年第3期。

② 徐敏：《社会性别视角下农村留守妇女的家庭地位研究——以河南J乡为例》，西北农林科技大学2014年硕士学位论文。

村婚姻市场性别失衡(男多女少)促进“依附性支配”地位的形成。[①]李晓芳根据第三期中国妇女社会地位调查数据的分析显示，不同流动经历对农村已婚女性家庭实权感存在较为显著的影响，主要表现在本人无流动经历但配偶有流动经历者因为丈夫在家庭中的“缺席”而家庭实权感显著增强。[②]

3. 留守妇女行动的自主性大大加强

作为个体的留守妇女，她们每天都在丈夫缺位的生活世界中处理各种日常事务，应对留守生活中不断出现的各种难题。在这些行动的过程中，留守妇女发挥并不断发展着她们的能动性，在生活中展开行动或应对策略。例如，掌握了经营权和决策权的留守妇女在农业生产方面获得了更大的行动空间，她们采取多样化的能动性策略解决自己在生产过程中遇到的困难，包括调整家庭农业生产结构、延长劳动时间、向邻居学习农业技术等。而在采取这些行动时，她们积极动员自己的社会网络资源，利用家庭社会关系网络尤其是娘家人网络，实现自己发展农业生产、得到情感慰藉等目标。在这个过程中，留守妇女在丈夫原有的社会网络中进行取舍和重心转移后建构出一个新网络，例如拓展姻亲关系、重视地缘关系交往等，不断实现对社会网络的重构。对在外务工丈夫的问卷调查显示，他们普遍认为自己离开妻子后，妻子发生了很多变化，最多的是“更加独立自主”(61.3%)，其次是妻子意志变得更坚强(42.5%)，再次是增强了理财能力(36.8%)和掌握了农业生产技能(31.1%)。[③] 他们认为，在自己外出务工的过程中，妻子逐渐适应了独自承受生活的压力，忍受着孤独和寂寞，变得更加能够吃苦耐劳，能够勇敢地面对生活困难和夫妻分离，因此妻子最明显的变化是更加独立，意志更加坚强了。留守

① 付蓉:《农村半流动家庭夫妻权力关系:女性依附性支配——基于河南省固始县J村的实地调查》,浙江师范大学2012年硕士学位论文。

② 李晓芳:《不同流动经历农村已婚女性家庭实权感比较及影响因素分析》,《人口与发展》2015年第5期。

③ 吴惠芳:《留守妇女现象与农村社会性别关系的变迁》,《中国农业大学学报(社会科学版)》2011年第3期。

妇女经济贡献虽低，但却由于丈夫的缺位而掌握了家庭的管理权。她们在家庭决策方面的地位提升，虽然是一种压力，但增强了她们的家庭经营和管理能力。基于性别不平等所产生的“男工女耕”的家庭策略，在实施过程中却因为这一新的性别分工方式是建立在空间割裂基础之上，从而减少了男性（夫权）对女性的约束和控制，促进了男性对女性的劳动价值形成新的认知，推动夫妻双方逐渐建构起新的性别规范，进而改变传统的性别关系。它不仅摧毁了农村女性依赖男性的根基，增长了她们的才干，积累了她们在家庭中的权力，而且促进了她们独立人格的发展，大大提高了她们的社会声望与自我评价。

由于男性外出务工，使其从空间上脱离了其他家庭成员，由此也带来性别关系的变化。丈夫外出务工给留守妇女创造了新的能动空间，即她们对农业生产技术和资源的掌握、对丈夫务工收入和家庭收入的管理与决策、丈夫在家庭中的长期缺席使她们能更加自主地进行决策、她们的家庭生产和家务劳动的不可或缺性等。尽管有学者认为留守妇女承担的农业生产成本大、收益低、经济贡献不及丈夫，所以她们在家庭资源分配方面仍处于边缘化；但她们实际上掌握了更多家庭资源——尤其是农业生产资源和家庭收入（包括丈夫的务工收入）的支配权，同时她们在家庭中的管理和决策权增加。丈夫因为长期脱离家庭和社区公共生活会在具体事务的决策上更依赖妻子的判断。因此，它的实质是家庭中夫妻或男女权力走向平等的趋势。此外，丈夫外出也使留守妇女更多地参与家庭生产和社区公共生活，逐渐建立起自己支撑家庭的自信心；社会网络利用和建构的过程也使她们有更多机会参与公共生活，不再只是囿于家庭领域。这对于提高妇女的社会地位，改变农村传统性别规范有很大的影响。

（二）“双流动家庭”的夫妻权力（地位）关系

夫妻双方同时流动、同时向城市转移的家庭可以称为“双流动家庭”，即家庭化流动。2006 年国家统计局农调队的《中国农民工问题研究总报告》显示，2004 年农民工举家外迁的有 2470 万人，比 2003

年增长 1.6%，约占农村外出人口的 20.9%。[①] 根据流动人口动态监测显示，2012 年超过六成的已婚新生代流动人口与全部核心家庭成员在流入地共同居住。[②] 2014 年近九成已婚新生代流动人口为夫妻共同流动，与配偶、子女共同流动的约占 60%。[③] 家庭化的迁移流动已成为我国人口流动的重要特征，也是未来人口流动的主要趋势。在此背景下，"双流动家庭"将会日益增加。

为更好地了解"双流动家庭"的夫妻关系，我们选取了 10 对在天津市务工经商的外来流动人口夫妇，进行半结构式深度访谈收集相关资料。以下是被访者基本情况表：

表 5—2　被访"双流动家庭"夫妇基本情况表

个案号		流出地	年龄	受教育程度	目前职业	来津时间
A1	丈夫	河南驻马店	38	高中	经营粮油店	2013 年
	妻子	河南驻马店	37	初中	食品厂工人	2010 年
A2	丈夫	河南驻马店	39	初中	经营五金店	2012 年
	妻子	河南驻马店	38	初中	经营五金店	2011 年
A3	丈夫	河北唐山	30	初中	电池厂工人	2014 年
	妻子	云南昭通	30	初中	电池厂工人	2014 年
A4	丈夫	安徽马鞍山	45	初中	仓库管理员	2010 年
	妻子	安徽马鞍山	44	初中	经营缝纫店	2014 年
A5	丈夫	河北衡水	30	高中	电池厂工人	2013 年
	妻子	河北衡水	30	高中	电子厂工人	2013 年

① 周海旺：《城市女性流动人口社会融入问题研究》，上海社会科学院出版社 2013 年版，第 66 页。

② 《中国流动人口发展报告 2013》，国务院新闻办公室网 2013 年 9 月 11 日，http://www.scio.gov.cn/zhzc/8/4/Document/1345763/1345763.htm。

③ 国家卫计委流动人口司编：《中国流动人口发展报告．2016》，中国人口出版社 2016 年版，第 8 页。

续表

个案号		流出地	年龄	受教育程度	目前职业	来津时间
A6	丈夫	吉林通化	35	初中	快递员	2012 年
	妻子	吉林通化	34	高中	快递员	2013 年
A7	丈夫	山东德州	56	初中	经营肉店	2012 年
	妻子	山东德州	54	小学	经营肉店	2012 年
A8	丈夫	山东潍坊	36	初中	经营熟食店	2011 年
	妻子	山东潍坊	34	初中	经营熟食店	2011 年
A9	丈夫	山东日照	52	初中	经营香油店	2013 年
	妻子	山东日照	50	小学	经营香油店	2013 年
A10	丈夫	黑龙江齐齐哈尔	38	初中	经营东北菜馆	2010 年
	妻子	黑龙江齐齐哈尔	35	初中	经营东北菜馆	2010 年

与传统农村家庭相比，“双流动家庭”的夫妻关系呈现出维系与更新两方面的特点，即既有保留传统色彩的一部分，也有与现代化进程相适应的更新的部分。从整体上来看，社会流动对夫妻关系的影响主要是积极的。流动在一定程度上促使“双流动家庭”的现代化脚步加快，从而使得夫妻关系朝着平等的方向前进。“双流动家庭”的夫妻权力关系呈现如下特点：

其一，丈夫对妻子的评价大多数积极而正面。

由于夫妻共同流动，他们共同在城市居住、就业，有更多同甘共苦的经历，因而丈夫对妻子的态度和评价大多数比较积极、正面。

个案 A1 中的丈夫：(她)不容易，早晨差不多 7:30 就来店里，很早就得起来，忙一天，晚上我再来接她。整货、卖货，连坐都不能坐……店里的收入也还行。

个案 A3 中的丈夫：她上班跟我一样，白班夜班倒着干，我们都是三班倒，挺累的……

个案 A9 中的丈夫：这个小店，没有她，光靠我自己撑不下来，早出晚归的，俩人共同承担，就不那么累了。

从中可以看出，丈夫能理解妻子的辛苦，对妻子的经济贡献也非常认可。而丈夫对妻子的体贴与尊重也缓解了妻子的不平等感，提升了她的平等感。

个案A1中的妻子：他脾气好，有什么矛盾的时候，都让着我。我觉得我们家还是比较平等的……在外面打工都不容易，俩人再不互相理解，日子也没法过。

个案A3中的妻子：都挺累，互相理解吧。他理解我，我也理解他，都一样，在家里挺平等的……

其二，女性获得家庭话语权，家庭决策向夫妻平权发展。

"双流动家庭"夫妻仍旧是以家为本位的，他们在流入地无论从事什么职业，都能尽力贡献家庭，并能互相合作、相互支持。他们不仅仅是夫妻，更是生意上不可分割的合作伙伴。"双流动家庭"的妻子在流动过程中，对家庭经济的贡献不可忽视，改变了过去家庭经济收入以男性为主的格局。由于远离原来的社会关系，在共同的经营活动中遇到问题，只有夫妻能同舟共济共同商量，生活中也是同甘共苦，女性在这个过程中或是通过经济劳作，或是通过操持家务，获得了家庭地位，减少了男性占支配地位的状况，这有助于妻子们在家庭中地位的提高。但是部分女性的话语权比较局限于日常家庭生活领域，对于重大事项领域的支配权还是有所欠缺，家庭里的重大事务决策者仍旧是男性。

个案A7中的妻子：基本上他做决定，要做决定的话，他主要一点，我次要一点。但是我要买什么东西，我自己决定。他不怎么管，反正买了就算了。大笔开销主要还是他做决定，我不管他。

个案A1中的妻子：家里平常的事儿都是商量着来，要是大事，那主要还是听他的意见。男的吧，在外面见识多，再说他在外面年头也长，可能听他的更好点儿。

他们仍然延续了传统的家庭权力（地位）模式，复制了农村家庭的决策方式。另外，这和家庭分工以及夫妻双方的经济收入状况息息相关。较之男性流动人口可以从事建筑等体力型职业，女性流动人口更多从事的是家政、服装、电子装备、服务业等行业，在工资收入上一般低于男性，在经济上对家庭的贡献较少，所以基于经济贡献之上的女性话语权较为有限。而且家庭流动决策的做出与妇女在家庭中的附属地位密不可分，流动妇女往往出自随夫外出或是为了让学龄儿童受到更好教育的目的而迁移，虽然经济地位得到提升，但在家庭中仍处于从属地位。

对于“双流动家庭”而言，夫妻双方的城市生活经历使得彼此的生活方式和思想观念都受到了影响，与传统农村家庭相比，在家庭事务的决策这一方面也出现了变化。同过去相比，妻子在家庭事务的决策中获得了更多的参与权，夫妻共同商量成为家庭事务决策的主要方式。2010 年第三期四川妇女社会地位调查显示，目前在外流动的人群中，54.31%的夫妻有事共同商量，妻子决策的占 35.34%，丈夫决策的占 10.35%。在从未外出的人群中，45.83%的夫妻有事共同商量，妻子决策的占 45.83%，丈夫决策的占 6.94%。在家庭决策的多个事项中，在外流动的人群，夫妻共同决策的比例最高。[①] 新的夫妻关系表现为夫妻基本平等，由于妇女外出就业对家庭经济的贡献增加，因此对家庭的经济管理、收入支出、儿女教育、婚姻大事、亲友交往都有一定的权力，夫妻关系从丈夫掌握大权到夫妻共同协商决定。

个案 A2 中的妻子：都商量吧，也不一定谁说了算。一般小事吧，都是我说了就算，他脾气好，一般我说了他也没大意见。要是大事的话，还是商量商量……

个案 A3 中的妻子：都说了算，互相尊重吧，反正有什么事都商量，沟通交流得多。家里的收入、钱什么的，都是我管着，他要是用，就管我要……

个案 A8 中的妻子：俺家是挣的钱一起用，放在一起，谁用谁拿，

① 沈渝：《流动中的社会性别体系——〈第三期四川妇女社会地位调查〉之“受流动影响的人群”的初步分析》，《四川教育学院学报》2012 年第 12 期。

没有谁当家。平常买东西也不多，就是给孩子买玩具、衣服什么的多点儿，我买，他不怎么管。

由以上案例可以看出，"双流动家庭"权力模式有所变化。所谓家庭权力，就是说一个家庭重大事情上谁做主、谁说了算，能说了算的那个人就有权力。之所以流动夫妻家庭中自主权有所提升，妻子在家庭中所拥有的支配权力有所提高，一方面是由于流动夫妻和父辈在居住方式上是异地而居，摆脱了传统大家庭中的"父辈权威"；另一方面，由于外出打工，流动夫妻有了自己的经济收入，不再依赖于家庭中的田地等掌握在父辈手中的生产资料，在家庭中具备了一定的经济地位。一般而言，经济基础决定上层建筑，有经济收入就有话语权，从而使得家庭的权力关系发生了改变。

个案 A3 中的丈夫：俺俩工资差不多，凭啥不让人家说了算啊？是吧？都说了算。

个案 A6 中的丈夫：俺俩都送快递，工资差不多，所以在家里都说了算。无所谓谁做主，谁不做主的。

虽然男性在家庭决策中仍处于主导地位，但是女性在家庭中的参与权明显有所提高，越来越多地参与到家庭决策中，夫妻之间的关系开始出现趋向平权的形式，这是现代核心家庭的特点之一，也是女性权力意识提高的一个表现。

其三，女性流动人口的自主性大大提高。

这些家庭从农村流向城市，脱离原来的大家庭和繁杂的亲属关系，特别是对女性而言，生活中不用再面对婆媳关系、妯娌关系的挑战，日常家庭环境和关系相对变得简单。同时，在自己的小家庭中，女性更多地参与到家庭事务和经济生活中，随着操持的家事越来越多，自身在家庭中的地位也发生了变化，而女性自己也意识到了这种改变。

个案 A5 中的妻子：在老家的时候跟公公婆婆住在一起，家里的事都是公公婆婆当家，我只管带孩子，别的事不用管。现在嘛，在这里，我们自己住了。家里什么事情都我一个人来做，就感觉自己长大了,感觉他(指她老公)也重视我了,也依赖我,自己就感觉地位变得重要了吧。出门在外,什么事情都是我们自己处理,就感觉不一样了。现在在家里地位高了,不过也累,操心得多了。

个案A6中的妻子:大部分时候都还是商量,不过主要的还是我说了算吧,他不爱说话,都是我操心,我这个人也爱操心,想得多,家里的事主要还是我张罗。

个案A8中的妻子:我要是想买什么,他都不怎么管,他要是买什么,都跟我说一声。一般他的衣服啊什么的,都是我帮他买。不过,买的也不多,一年也买不了几回……在他心里,我肯定重要吧,呵呵,没有我,他自己干也不行吧?

访谈中,妻子都认为在外出务工后的家庭中占有重要的位置,与丈夫的关系比较平等。夫妻双方的共同流动确实使得彼此的关系发生了改变,尽管仍保留着一些传统成分,但是夫妻关系也发生了改变,朝着更为平等、和谐的方向迈进。流动家庭夫妻关系的特点是维系与更新并存,妻子的权力明显有所提升,夫妻关系趋于平等。而双流动家庭的这种夫妇式核心家庭结构也更符合城市化和工业化对劳动力的需求。

第二节　流动中性别分工的延续与重塑

这里的性别分工主要指家庭的性别分工。家庭的性别分工指由男女两性组成的家庭,担负着生产和生活的双重重任,为了更有效地组织生产和生活,两性之间往往要有一个性别分工,哪些由丈夫来干,哪些由妻子去做。具体来看,这种分工在生产领域表现在双方的生产合作上,在生活领域主要表现在家务劳动的分担上。这就需要从生产领域分工和家务劳动分工两个方面来分析家庭性别分工现象。

一、“半流动家庭”中“男工女耕”的新分工模式

在“男主外、女主内”的性别分工模式与“男强女弱”的性别观念影响下，当农村家庭只能选择一个人外出的情况下，男性外出、女性留守就成为必然选择。因而“半流动家庭”中大多数情况下的生产领域的性别分工都是男性外出务工、女性留守农耕，即“男工女耕”的性别分工模式。“男工女耕”的性别分工强化了农村妇女的社会角色。劳动分工的递补效应把妇女推向了农业生产的主角位置。大规模性别化流动和丈夫离乡妻子守土的性别分工模式，导致许多地区形成以留守妇女为主、公婆辅助的女性主导型农业。在农村经济中作为“糊口农业”“庭院经济”的农业在家庭经营体系中逐渐沦为“副业”和家务劳动范畴，这使得农村社会对“内”和“外”的传统性别分工有了新的定义——守土务农即“主内”，外出打工挣钱才是真正的“主外”。“主外”与“主内”的划界折射出男女之间的权力落差以及这种权力关系同地区、城乡、财富等权力关系的交互作用。

持续几十年的人口大规模性别化流动的直接影响是农业的女性化。1996 年第一次农业普查期间，女性占农业劳动力的 51.78%，2006 年农业劳动者中的女性比例已达到 61.3%。在一些农业大省，妇女在农业劳动力中所占的比例更高，如山东占 65%，福建占 70%。据中国农业大学“中国农村留守妇女研究课题组”的调查，丈夫外出后，留守妇女承担了 94.6%的劳动。① 伴随男性青壮年大规模从农业中转移出去，劳动力性别失衡已成了农村社会的普遍现象。“农业女性化”从来没有像今天这么凸显，并且这一现象在全国许多地方愈演愈烈，还有进一步加剧之势。当下困扰农村经济社会发展的许多问题，包括农地使用、农技推广、农村扶贫、妇女发展、儿童生存与发展、人口老龄化、人口流动、医疗保健及社会保障等，无不与农业女性

① 中国农业大学课题组：《4000 万农民工留守妻子独守空房》，《中国青年报》2009 年 1 月 24 日。

化息息相关。当前农村普遍存在的问题可以概括为“三缺”“三化”“三留守”:“农业生产缺人手、新农村建设缺人才、抗灾救灾缺人力”“农业兼业化、农村空心化、农民老龄化”,农村多为“留守儿童、留守妇女、留守老人”。① 当农业变成主要由妇女和老弱劳力、依靠化肥和简单管理维系的“庭院经济”和“糊口农业”后,农业将进一步弱质化,我国农村劳动力这种结构上的变化正是农业弱质化的突出表现。

“男工女耕”已经逐渐从家庭微观层次的性别分工发展为我国农村社会广泛的性别分工,它也在逐渐削弱传统性别规范的影响,并在农村建构起新的社会性别规范。在这种新分工制度下,男性(丈夫)明显获得了比女性(留守妇女)更多的物质资源,它可能转化为男女之间的权力差异。然而,这种物质资源的优势因丈夫与家庭生活之间遥远的空间距离而被弱化了;相反,妻子尽管在物质资源方面处于劣势,却因为丈夫与家庭生活之间的空间距离而使得她所掌握的多样化的家庭资源显现出相对高价值或相对优势;这样,夫妻之间就获得了相对平等的资源优势和地位。所以说,丈夫外出务工使留守妇女所进行的家务劳动和农业生产劳动都在家庭中具备了不可或缺的属性,无形中提高了她们在家庭和社区中的地位、荣誉及声望。

就家务劳动分工而言,“半流动家庭”中由于男性外出、女性留守,造成了女性几乎承担全部家务,个别家庭还会由子女或公婆分担一些的现实。正如一位留守女性所说:“以前他在家的时候,多多少少还能帮着干点儿,现在他不在家,活儿都是我的。”与男性流动之前相比,留守女性的家务负担变得更加沉重,留守女性在家庭生活的维系中变得不可或缺。但有研究表明,丈夫在返乡期间会更多地帮妻子分担家务劳动。只有14.5%的男性在返乡期间从未做过家务,经常做家务的占26%,有时做家务的占37.4%,偶尔做家务的占22.1%,即大部分的男性在返乡期间都曾做过家务,这说明家务分工

① 《回良玉在第二次全国农业普查工作总结会议上讲话》,中国政府网2008年7月29日,http://www.gov.cn/ldhd/2008－07/29/content_1060595.htm。

趋于平等化。[1] 很多留守妇女也表示，男人们外出务工后知道分担家务了，这一方面是他们体恤妻子太辛苦，另一方面城市的男女平等观念可能潜移默化地影响着他们的行为。

二、"双流动家庭"中性别分工的延续与重塑

我国家庭内部一直存在着"公、私"之分，男人主要在公领域活动，负责与外部有关的家庭事务，如做官、经商、种田、社会交往、养家糊口等；女人则在私领域内活动，负责与家庭内部相关的事务，如洗衣做饭，照料老人、子女和丈夫的生活起居等家庭琐事。在这种区分下，女性的活动空间被缩小了，家庭中丈夫是养家者，妻子是被养者，被养者自然要接受和服从养家者的命令和意志。而这种分工模式源远流长，已经成为人们的一种社会文化，成为人们思维方式的一种定势，成为人们心理的一种习惯。在社会文化中，丈夫少做家务或者不做家务得到社会的普遍认可，而妻子少做或者不做家务则被认为是失职。在思维方式上则体现为男女在人生选择上将"男主外、女主内"作为价值取向，丈夫会将事业放在人生的首位，与此相反，妻子则倾向于将家庭放在人生的首位，往往为了家庭而顾不上事业的更高追求。"男主外、女主内"也在心理上得到了确认，当丈夫在经济和社会地位上高于妻子时，丈夫就会有心理上的平衡感和安全感，反之，不仅丈夫会自卑，妻子也容易产生瞧不起丈夫的心理。

在我国传统的农村家庭中，"男主外，女主内"的分工模式一直占据着主导地位。在生产合作上，家庭化的城乡流动在一定程度上打破了传统的性别分工。许多女性通过流动实现了家外就业和职业变动，转换了经济身份，如由原来的家庭主妇转变为家外从业人员，由过去的辅助劳动力或纯农业生产者转变为兼业生产者或亦工亦农者。夫妻双方在生产分工上与过去有了较大的差别，更多的女性流

[1] 马洁：《外出务工人员的家庭关系研究——以济南市 LC 区为例》，山东大学 2006 年硕士学位论文。

动人口走向了城镇中的某些工作岗位。流动在一定程度上改变了流动家庭“男主外、女主内”的性别分工，很多流动家庭的夫妻都实现了非农就业，都有自己的收入，夫妻成为家庭经济的共同支柱，家庭分工不再有主外、主内的明显区分。双职工家庭中，家务由过去的“女主内”趋向于共同分担。如个案 6 中的丈夫说起家务分工，他表示：“家务都是一起做的，我炒菜，她洗碗。我们同龄人（注：夫妻俩都是 28 岁）大部分都是这个想法吧，可能是时代的原因，都一起做。”个案 3 中的妻子（30 岁）也表示，“家务都一起干，谁休班有时间，谁就做，也没什么具体的分工。不过，家务活儿也不多，饭都做得很少，大部分都是在单位和外边吃”。个案 4 中的妻子平常在家做衣物缝补来补贴家用，丈夫在厂里的仓库工作，在谈及家庭分工这一话题时，她说：“我在家天天接送小孩，做饭我老公要回来早，晚上他回来他做，他不回来就我做。其他家务一般都是我做，他早上六点多钟就走了，你去早了嘛做完了可以早点回来，就这样。”对于这样的分工，她觉得是合理的，并且说道：“有好多人都说他天天下班做饭对吧，有的修衣服的就说，哎，你老公下班了还帮你做饭。我说什么叫帮我做饭？他也要吃的呀。”她表示这些事情丈夫都会主动来做，不用她要求。夫妻双方的家庭分工通常是由两人的工作情况来决定，“谁有空谁做”是访谈中听到的最多的家务分工方式。

正如马洁的研究，在控制“是否共同外出”这一因素后，如表 4—2 所示，对于共同外出的家庭，做饭、洗衣、收拾家务仍主要由妻子承担，力气活主要是丈夫承担。但像日常采购、照顾老幼、给孩子辅导功课等，由妻子单独承担的比例明显降低，夫妻共同承担和谁有空谁做的比例也明显高于非共同外出家庭。在夫妻共同外出务工的家庭中，丈夫确实更多地参与到家务劳动中。

表 4—2　控制是否共同外出后的家务分工情况(%)

	分工情况	做饭	洗衣	收拾房间	日常生活采购	照顾老幼	给孩子辅导功课	买煤(换煤气)等力气活
是(N=54)	丈夫	5.6	1.9	1.9	3.7		24.4	77.8
	妻子	68.5	74.1	64.8	35.2	34.6	17.8	5.6
	夫妻共同	5.6	11.1	11.1	25.9	44.2	24.4	14.8
	谁有空谁做	20.4	13.0	22.2	35.2	21.2	33.3	1.9
	总计	100.0	100.0	100.0	100.0	100.0	100.0	100.0
否(N=58)	丈夫	5.0	5.0	6.7	5.0	3.4	18.5	65.0
	妻子	85.0	90.0	76.7	58.3	49.2	37.0	15.0
	夫妻共同	1.7	1.7	11.7	16.7	32.2	14.8	8.3
	谁有空谁做	8.3	3.3	5.0	20.0	15.3	29.6	11.7
	总计	100.0	100.0	100.0	100.0	100.0	100.0	100.0

资料来源：马洁：《外出务工人员的家庭关系研究——以济南市 LC 区为例》，山东大学 2006 年硕士学位论文

但是应当注意的是，虽然流动后女性的收入有所增加，但平均收入仍然大大低于男性，所以家务分工没有明显的变化，甚至可能还会出现另外一种极端情况，有些"双流动家庭"的性别分工被极端化了，女性仅仅是"陪工夫人"，没有工作。在这种情况下，"双流动家庭"仍然延续和复制了"男主外、女主内"的传统性别分工模式。

研究发现，"双流动家庭"的家务性别分工确实会因女性是否在职而呈现出明显的差异。在"双流动家庭"中，非在职女性依然是家务的主要承担者，家务完全由女性承担的比例为 53.3%，主要由女性承担的比例为 33.3%，非在职女性中共有 86.7%完全或主要承担家务，丈夫做家务的在非在职女性家庭中仅占 3.3%，并且为特殊情况，即女性处于怀孕阶段，而夫妻家务分工差不多的家庭有 10%。对于非在职女性来说，承担家务的主要原因是由于自己进城后不就业，丈

夫经济负担加重，为生存奔波无力顾及家务，妻子从而更多地成为家务的完全承担者和主要承担者。在职女性完全或主要承担家务的比例为66.7%，女性依然是家务的主要承担者，丈夫做家务的比例为6.7%，而夫妻差不多的为26.7%。其中在家乡生活过的在职女性，在家乡完全承担家务的为44.4%，比在城市高出14.4%，主要承担家务的比例为16.7%，共计61.1%，夫妻差不多的为35.9%。尽管家庭分工有一定的刚性，但与非在职女性相比，由于外出就业，女性完全或主要承担家务的比例下降明显，男性参与家务的人数有了显著的增加。对于"如果是自己干更多的家务，是否觉得辛苦和不满"的问题，17.2%的在职女性表示非常不满，有点不满的为27.6%，基本没有的占20.7%，完全没有的为34.5%。非在职女性中对多干家务基本没有意见的比例为17.2%，完全没有意见的比例为44.8%，共计62%。对于"男主外，女主内"的传统角色分工观念，在职女性完全同意的比例为26.7%，比较同意的为10%，共计36.7%，不太同意的比例为63.3%。工作和家务的双重负担使近一半的在职女性表达了对承担更多家务的不满，比例远大于非在职女性。已婚女性流动人口对于家务活干的多少的态度是从家庭面临的现实挑战出发来做出判断的。86.7%的在职女性认为家务活干的多少和男女的地位没有关系，而非在职女性的这一比例为89.7%。受中国传统的"家本位"思想的影响，从家庭利益最大化出发，非在职女性认为家务活干的多少主要是因为家庭分工的不同，基于夫妻感情，在于空闲时间的多少，丈夫不擅长做家务等，表达了对家庭分工模式的认可和接受。就业使在职女性对传统的"男主外，女主内"观念的认同低于非在职女性。不同意"男主外，女主内"的在职女性的比例为63.3%，而非在职女性的这一比例为56.7%。① 从中可以看出，在职的女性流动人口承担家务的比例不但低于非在职女性流动人口，她们对传统性别

① 关玉凤：《从社会性别视角看已婚女性流动人口的生存现状》，兰州大学2007年硕士学位论文。

分工的认可度也低于后者。即使在职女性流动人口承担家务的比例仍高于丈夫，但是她们对待家务的态度已经有所不同。这或可视为流动和非农就业给性别分工带来的重要变化。

第三节　流动中夫妻感情关系的维系与重塑

一、“半流动家庭”夫妻感情关系的维系与重塑

一方流动的“半流动家庭”主要为丈夫流动、妻子留守。“半流动家庭”的夫妻关系中有婚姻质量下降的情况。在很长时间的夫妻分居生活中，他们各自生活在不同的社会环境中，受到不同文化观念和生活方式的影响，与不同的人群发生交往。丈夫处于一种动态的、开放的、变化的生活环境中，而另一方则处于相对静态的、封闭的、少有变化的生活状态中。客观条件的差异造成了二人在知识、信息、技术、社会关系、生活态度等方面的差异，同时也从客观上带来夫妻在城市化进程中的不同步性，出现名存实亡的婚姻。正如罗忆源等人的研究结果，对于夫妻分离的家庭而言，丈夫的外出流动不仅加重了留守妇女的劳动负担和生活压力，还使妻子忍受长期分离的情况，夫妻双方处于不同的社会环境中，引起了双方在价值观、思维方式等方面的差异逐渐明显，从而导致婚姻质量下降。夫妻两地分居特别是较长时间的分居必然使婚姻的许多功能不能正常实现，使男女之间不能进行正常的心理沟通和情感交流，不能互相爱抚和慰藉，加之城市生活的诱惑、性压抑、性饥饿造成的烦恼和焦虑等结果会给双方（特别是女性）造成精神创伤，会加大彼此的心理距离，造成彼此的疏离感和陌生感，降低婚姻幸福感和满足感，容易使婚外情乘虚而入，对那些感情基础不牢固的夫妻而言，空间分割一旦形成，容易导致感情出现危机，影响婚姻和家庭稳定，甚至造成原有婚姻的破裂。近年来，农村离婚率奇高，其中相当一部分离婚者来自一方流动外出的“半流动家庭”。

但是总体而言，一方劳动力外出并没有对夫妻关系造成强烈冲击。如周伟文通过对"半流动家庭"的研究得出，大多数农民工家庭的夫妻感情并没有因为两地分离而受到显著影响，出现的为数不多的婚姻危机现象和外出丈夫的职业分布和经济收入存在高度的相关性。[①] 马洁 2006 年通过对济南外来务工人员的调查也认为，虽然外出使很多家庭夫妻分居，但现代交通、通信设施的发展为他们创造了条件，打电话成为他们主要的联系方式。因为他们有着一个共同目标，一心想着两个人同心协力过上好日子，明确的共同目标成为家庭中夫妻心理相互认同的前提条件。也正是在这一共同目标的激励下，许多流动家庭的夫妻真正做到了患难与共，无论生活多么艰难苦涩，他们都能平静地对待，同时在这个过程中夫妻感情得到了升华[②]，即一方流动没有影响夫妻感情的延续。因为聚少离多，外出的丈夫也都珍惜起为数不多的相处时光："外出使丈夫的性格好多了，以前我们经常吵架，现在他一年才回来三次，也就是麦收、秋收和春节时才回来，待不了一个月，现在家里气氛好多了，孩子们也比以前懂事了。"[③]"中国农村留守人口研究"课题组 2006 年的研究发现，劳动力外出对夫妻关系的影响存在一定程度的地域差异性，但是总体来说，劳动力外出并没有对夫妻关系造成强烈的冲击。这主要是因为农民工夫妻双方发挥自己的主观能动性，通过经济沟通策略（性别分工和汇款）、情感沟通策略和人员沟通策略克服了双方由于时空分离而造成的交流障碍，成功地巩固了夫妻关系，维系了家庭的完整性。大多数外出者都十分清楚外出就业是为了挣钱养家，外出就业只是暂时的，最终还要"回流"到家。大多数就业者的经济收入有限，在城市立足还很困难，再加上农村社会舆论的压力，尽管很多打工者

---

① 周伟文、严晓萍、刘中一：《生存在边缘——流动家庭》，河北人民出版社 2002 年版，第 48 页。

② 马洁：《外出务工人员的家庭关系研究——以济南市 LC 区为例》，山东大学 2006 年硕士学位论文。

③ 马洁：《外出务工人员的家庭关系研究——以济南市 LC 区为例》，山东大学 2006 年硕士学位论文。

是长年外出，但没有明显地影响到夫妻感情。就如李强(1996)所认为的，家庭成员长期不共同生活却仍然有稳定的家庭，原因在于农民工对家里的经济支持，使分居双方在心理上得到安慰，农民工对家庭的经济支持取代了共同生活成为家庭得以构成的基础条件之一。[①]受传统文化影响，农村家庭注重家庭纵向关系而非横向关系，传宗接代是家庭的核心。夫妻之间的交流、沟通与感情需要往往放在亲子关系和家庭利益之后，因此造成农村夫妻对夫妻感情的期望值低。正如费孝通先生(1998)所说，"中国的家是一个事业组织……就是在乡村里，夫妻之间感情的淡漠也是日常可见的现象……"传统农村社会的婚姻观中，夫妻更多的是养家糊口、生儿育女的合作对象，而不是情感上相互交流和满足的对象。对夫妻感情的期望值低，满意度反而会高。在他们的潜意识里，夫妻的情感交流是不重要的，重视物质生活质量而忽视情感生活质量，这也可能是务工者认为外出并没有影响到夫妻间情感交流的原因之一。

二、"双流动家庭"夫妻感情关系的维系与重塑

已婚劳动力双双外出就业是为了家庭的整体利益而做出的理性选择。由于外出就业十分艰辛，因此无论早期还是近期，一起外出就业的夫妻基本上都能保持良好的情感关系，甚至在外出就业的同甘共苦、患难与共的过程中加深了理解，增进了感情。经过几年甚至十几年的外出就业，流动人口家庭的夫妻不仅在对家庭的经济贡献中平分秋色，更好地维持了经济共同体的稳定，而且进一步弥补了以前家庭中情感交流的不足。马洁对济南市外来务工人员的调查显示[②]，在已婚者中，有 61.1%的人觉得外出前后夫妻间的情感交流没有什么变化；有 33.6%的人认为夫妻间比以前亲密了，相互依恋了；只有 5.3%的人认为夫妻间的情感交流疏远了，相互不信任了。调查

---

① 李强：《关于"农民工"家庭模式问题的研究》，《浙江学刊》1996 年第 1 期。

② 马洁：《外出务工人员的家庭关系研究——以济南市 LC 区为例》，山东大学 2006 年硕士学位论文。

结果还显示，57.5%的调查对象表示如果条件允许，就会经常和妻子或丈夫一起度过空闲时间，51.8%的调查对象回答“遇到不顺心的事会与妻子或丈夫诉说”。共同外出的家庭，夫妻间情感交流的频率高于非共同外出的家庭，“遇到不顺心的事会与妻子或丈夫诉说”的比例也接近70%，半流动家庭中，“遇到不顺心的事会与妻子或丈夫诉说”的比例仅有35.6%。“双流动家庭”除了是一个经济共同体外，还逐渐向精神共同体发展，这无疑有利于婚姻家庭质量的提高。因而，与夫妻一方流动的家庭中的夫妻关系相比，“双流动家庭”的夫妻关系要更加和谐与平等。笔者通过对天津市流动人口的个案访谈也证实了这一点，即大部分双流动的夫妻感情关系较好。调查对象对夫妻关系的肯定程度相当高，回答夫妻关系幸福、和谐、平等的比例均在87%左右，回答夫妻关系独立的比例略低一些，为74.2%。分性别来看，女性流动人口对夫妻关系的判定更积极一些，而且认为配偶关系幸福、独立的比例要明显高于男性流动人口。

其一，夫妻关系在家庭关系中的重要性有所提升。

婚姻与血缘是家庭存在的基础，夫妻关系和亲子关系是家庭内部的两种基本关系。中国人注重家庭、家族的繁衍、生息，因此亲子关系一直在传统家庭中占统治地位，夫妻关系极不重要。不仅小家庭要服从大家庭的利益，而且夫妻关系存在与否也要取决于家长的喜好。家庭中占统治地位的亲子关系既忽略了夫妻关系的存在，又妨碍了夫妻生活的亲密性和独立性。夫妻双双外出脱离了原来的大家庭和村落生活环境，家庭结构表现为核心家庭，夫妻关系便成为家庭的主轴，重要性得以凸显，其他家庭关系退居次要地位。在流动的过程中，家演变成为夫妻关系本身，家的想象最终让家成为一种关系、一种互动、一种彼此间的共享，而不是一个固定的居所。[①] 但是家庭中的亲子关系依然重要。不少受访对象表示，孩子会使夫妻两

① 孙慧芳、时立荣：《农村流动家庭的夫妻关系研究——来自太原市城乡接合部H社区的调查》，《北京科技大学学报（社会科学版）》2007年第4期。

人的关系更为紧密，会使家庭更加稳固，夫妻之间交流的一个重要话题就是孩子。受访对象都会提到"出来都是为了孩子……""在这里想孩子……"之类的话语。可以看出，无论是否带在身边，孩子仍是维系夫妻关系和感情的一个重要因素。这一点符合费孝通先生提出的"家庭婚姻稳定三角"。一旦有了孩子，由于孩子更需要照料，夫妻两人会将大部分注意力集中在孩子身上，整个家庭计划和打算也是围绕孩子的将来考虑。因此，即使"双流动家庭"中，亲子关系的地位依旧稳固，与夫妻关系的重要性不相上下。

其二，同甘共苦中夫妻感情较好、家庭稳定性较高。

"双流动家庭"的夫妻共同外出在城市打拼奋斗，具备相同的生活经历，拥有共同的经济目标，同甘共苦中加强了彼此间的了解，也成为彼此最重要的依赖，这在一定程度上能增强夫妻间的感情、巩固夫妻间的关系，因而他们的家庭稳定性通常较高。如个案 A3 中的妻子说道："我们沟通交流比较多，唠家常、工作，互相尊重吧，我们感情比较好，他比我大五六岁，也比较让着我。"个案 A5 中的丈夫表示："夫妻关系感觉变化不大，之前在家的时候就挺好，现在沟通交流也还很多，上班抽空发个微信啊，打个电话啊什么的，下了班说话聊天也挺多。"

其三，沟通交流内容的情感性存在代际差异。

访谈中发现，"双流动家庭"的夫妻交流存在代际差异。在老一代流动人口中，尽管夫妻有了更多独处的时间和空间，但稳定的交流方式已经内化成习惯，他们日常沟通交流的情感性交流较少，内容仍主要以事务性、现实性为主。每天忙于上班、经营店铺，在一起相处的时间较多，且两人的工作是一种合作经营，辛苦操劳使两人互相体贴、互相理解。他们的交流方式通常是对一些共同事情的关注。这种共同关注不同于仅仅关注两人之间的关系，而是一种一起过日子、共同经营生意和打拼的责任感，其中缺乏浪漫的感情，更多的是现实的、世俗的日常生活点滴。①

个案A7中的妻子:平时天天都在店里,说话也都是生意上的事,要不就是家里的事。来天津这么些年了,没出去逛过,也没那时间。不知道感情交流是什么,都各忙各的……

个案A9中的丈夫:平常说话,家长里短的,老家的,店里的事,都老夫老妻了,跟年轻人不一样了,好好过日子就行了。

很明显,他们的互动方式与乡村生活中的夫妻已有明显区别,其身份特点表现为"亲密伙伴"的合作关系。熟悉的伙伴关系无疑可以给他们的生活带来很多便利和满足感。然而,尽管离开乡村社会的生存环境,但是生长于乡村所形成的传统观念和相处方式,仍在城市空间中影响着他们。他们的感情交流仍然表现为内敛、语言交流较少的特点。

与老一代流动人口不同,在新一代流动人口夫妻中,情感性交流内容明显较多。他们中的很多人都是婚前就已经在城市务工、生活,在城市居留时间较长,因而思想观念更加现代,受到城市生活的影响更为深刻。有些被访的年轻人表示,除了工作更辛苦之外,自己与配偶的相处方式与城市人没有太大差别。

个案A3中的妻子:我们沟通交流比较多,家里的事、工作的事,什么都说,感情比较好,他比我大五岁,也比较让着我。

个案A10中的丈夫:俺们应该跟本地人没啥区别吧,我觉着,他们怎么处,我们也怎么处呗,感情挺好的,平时说话挺多的……俺们结婚之前就来这儿了,在这儿这么长时间了,早就被同化了,也不觉得自己是外地人了。

本章小结

城乡迁移是性别化的,表明性别结构对于迁移过程具有重要的

① 孙慧芳、时立荣:《农村流动家庭的夫妻关系研究——来自太原市城乡接合部H社区的调查》,《北京科技大学学报(社会科学版)》2007年第4期。

塑造作用。反之,城乡迁移也将对流动人口的性别关系进行调整,对其个体的性别身份产生影响,进而触动农村甚至城市原有的性别结构。研究发现,城乡迁移确实重塑了传统的性别关系,无论在权力(地位)关系上,还是在情感关系上都呈现出更新的内容。女性流动是冲破传统的社会性别制度约束的结果,对于改变性别关系的不平等提供了契机,加速了改变进程,对社会性别制度确实产生了积极影响。传统的社会性别规范影响和制约了两性的流动,流动反过来也重塑了传统的社会性别规范,二者是互相建构的关系。

部分传统农村家庭中,未婚子女尤其是女儿在家中很少有发言权。在未婚女性走出家门、实现家外就业的过程中,代际关系出现变化,原有的家庭性别关系受到挑战,最重要的表现是未婚女性在家中拥有了话语权和更多的自主择偶权。这与年轻一辈的跨地域流动和经济贡献增加以及掌握了新知识息息相关。尽管代际关系呈现更新气象,子女权力增加,但是男主女从、男女有别的特征依然存在。儿子比女儿在家中有更大的话语权,父母对儿女的家庭责任要求有明显差别。具体到儿子身上,代际关系向子代为本位转移,甚至出现了啃老族,具体到女儿身上,无论婚前还是婚后,女儿对娘家都负有不可推卸的责任。

对于夫妻之间的权力(地位)关系而言,无论是“半流动家庭”还是“双流动家庭”,都显示出趋向平等的特征。这主要表现为,丈夫对妻子的评价更积极和正面,丈夫更加理解和体谅妻子;女性的家庭决策权明显增强,家庭权力向平权发展;女性行动的自主性大大提高。这对于提高妇女的社会地位,改变农村传统性别规范有很大的影响。

在家庭性别分工方面,“半流动家庭”中因男性外出务工、女性留守农耕而出现“男工女耕”的新分工模式。这种分工模式已经逐渐从家庭微观层面的性别分工发展为我国农村社会广泛的性别分工,在逐渐削弱传统性别规范的影响,在农村建构起新的社会性别规范。夫妻之间获得了相对平等的资源优势和地位。就家务劳动分工而言,“半流动家庭”中由于男性外出、女性留守而造成女性几乎承担全部家务的事实，但是在返乡期间有越来越多的男性帮助妻子分担家务劳动，这是一个重要的变化。对“双流动家庭”而言，夫妻双双外出，实现了家外就业，成为双职工家庭，家庭性别分工不再有主外、主内的明显区分。家务由过去的主要由女性承担趋向于共同分担。但是如果夫妻共同外出，妻子没有工作和收入、只是“陪工夫人”的情况下，仍然延续和复制了“男主外女主内”的传统性别分工模式，家务劳动仍然主要由女性承担。

就夫妻感情关系而言，“半流动家庭”中，由于长时间的夫妻分居，互动交流减少，婚姻的许多功能不能正常实现，出现婚姻质量下降的情况，但是总体而言，一方外出并没有对夫妻关系造成强烈冲击，他们的家庭关系仍然较为稳定。“双流动家庭”中，夫妻双双外出，在家外就业的同甘共苦、患难与共中加深了理解，增进了感情。夫妻关系在家庭关系中的重要性有所提升，夫妻感情较好、家庭稳定性较高，夫妻相处更加和谐与平等。

第六章　流动人口公共服务的社会性别解析

所谓性别意识，即从性别的视角观察和分析现实生活中男女两性地位、资源和机会获得的状况，对社会经济、政治、文化和环境进行性别分析和性别规划，以防止和克服不利于两性发展的模式和举措，实现男女平等。① 当我们用性别意识的眼光来审视流动人口的公共服务时会发现，缺乏性别意识的公共服务方案看似是中立平等地对待男女两性，却往往会因原有差异而导致进一步的不平等，从而使原本中性的公共服务在实际操作中对两性产生不公正的负面影响。当前，我国流动人口的公共服务存在性别意识不敏感或缺失现象，进而造成事实上的两性获益不平等。本章将对流动人口的社会保障服务、公共卫生计生服务和大城市积分落户等公共服务进行社会性别审视与解读，并提出相应的完善建议。

第一节　流动人口社会保障服务的社会性别解析

近年来，随着经济社会的不断发展，政府在社会保障上的投入力度不断加大，对社会弱势群体，尤其是对流动人口群体的保障日益增强。各类社会保险运作日益规范，覆盖面持续扩大，对保障男、女两

① 梁华林：《从社会性别的视角看农村女性流动与公共政策的选择——以中西部地区农村女性流动为例》，《中共山西省委党校学报》2007 年第 6 期。

性的社会保障权益，促进性别公平在内的社会公平发挥着积极作用。但是也应看到，由于社会保障实际操作中存在一定的性别意识缺失，难以保证两性的公平权益，对女性流动人口的权益保障产生了某些不利的影响。《中国流动人口发展报告 2017》显示，2016 年，我国流动人口规模为 2.45 亿人，女性比重有所上升，占 48.3%，即规模达到 1.18 亿。[①] 可见，女性流动人口已是一个数量庞大的群体。由于没有分性别的相关统计，女性流动人口的社会保险状况还没有确切数据。但从流动人口动态监测数据来看，女性流动人口参加社会保险的情况不容乐观。如 2014 年流动人口动态监测数据显示，在各种社会保障类型中，除了生育保险中，女性比例(51%)略高于男性(49%)之外，其他包括城镇职工基本医疗保险、城镇居民基本医疗保险、商业医疗保险、工伤保险、失业保险和住房公积金等保障类型中，男性比例均显著高于女性。

一、流动人口社会保障中的性别盲点

(一)流动人口社会保障的准入条件

目前，从流动人口社会保障的准入条件，即享受的人员范围来看，其主要是为在业人员设立的，即就业是纳入社会保险的先决条件之一。大部分地区都规定，流动人口社会保障的适用范围是当地行政区域内的城镇所有用人单位，包括企业、机关、事业单位、社会团体、民办非企业单位和与之有劳动关系的外来人口。而对那些在乡镇企业打工的以及家政服务业中临时进城打工的外来人口没有做出制度安排。这些与正规就业相联系的参保规定，不能覆盖非正规就业的女性流动人口。因为女性流动人口非正规就业比例显著高于男性。如 2012 年上海市妇联的调查显示，外来女性的就业水平总体较低，近 2/3 的来沪常住女性从事工人、保安勤杂、销售、服务等工作，

① 耿兴敏：《〈中国流动人口发展报告 2017〉发布：女性流动人口比重上升 性别比趋于平衡》，《中国妇女报》2017 年 11 月 14 日。

非正规就业（含家政、零工、自雇经营和创业）比重较大（占32.1%），未在业率高（占19.2%）。[①] 非正规就业的职业特征影响女性流动人口按规定参加各种社会保障。还有许多城市将女性从业人员居多的职业排除在流动人口社会保障之外，如家政服务。家政服务人员主要由两部分组成：一部分是城市失业下岗女工或无业妇女，另一部分是农村进城女性，也是家政服务人员中的大多数。由于家政服务人员与雇主家庭之间是一种民事劳务关系，不属于劳动法调整的范围，因此难以进入基本社会保障范畴。《上海市外来从业人员综合保险暂行办法》规定，“下列外来从业人员不适用本办法：（一）从事家政服务的人员”。上海目前家政从业人员约30万。对于这些人，上海市实行家政服务综合保险，他们可向商业保险公司投保，每年缴纳30元保费，在本人发生意外伤害时，从保险公司获得最高为10万元的理赔金。30元的年保费可由雇主和保姆协商承担。这其实是一种商业保险中的意外伤害险种。商业保险不同于社会保险，它缺乏社会保险所具有的强制性、社会性、互济性、福利性等特点。用商业保险解决这些人遇到的社会风险是不合适的，而且项目设置只有意外伤害一种。随着经济社会发展，家务社会化的需要日益增多，家政从业人员在城市居民生活中的作用更加重要，他们用自己的辛勤劳动为城市居民服务，但当他们遇到疾病、失业风险时，在年老失去劳动能力时，却难以享受社会保障。这不仅对这些从业者不公平，也阻碍了此行业的稳定发展。

（二）各类险种中的性别盲点

1. 养老保险

针对流动人口的养老保险缺乏性别意识，在养老金的缴费标准、申报变更、转移接续等环节中，多以正规就业群体为主，并未将没有单位或雇主的农村户籍女性流动人口、非劳动关系下的婚育女性流

① 鲁哲：《上海市妇联调查：外来常住女性非正规就业比重大》，《新民晚报》2012年11月14日。

动人口纳入政策视野。同时，现行养老保险的设计普遍与退休前平均工资、缴费年限（工龄）、计发时间（预期寿命）相关，然而，现实的情况往往是女性的工资和工龄的平均值均低于男性，而预期寿命却高于男性，从而导致两性养老金利益显著的性别差异。

通常，养老保险的给付条件有两个，一是年龄因素，各地都以达到国家法定退休年龄为标准，即男满60周岁、女满50周岁。二是支付条件，除深圳规定退休前5年必须在本市连续缴费之外（北京则由于是按一次性养老待遇处理而无缴费条件），都规定了15年的缴费年限，缴费累计达到15年的按月发放养老金，不足15年的一次性领取个人账户储存额，同时基本养老保险关系终止。女性退休年龄比男性早10年，较易满足年龄条件，但缴费条件不适合女性流动人口的特点和需求，女性流动人口由于缴费年限不足，更有可能退出养老保险体系。因为女性承担着生育孩子的重任，她们在这一特殊时期往往由于各种原因不得不退出城市劳动力市场返回农村，因此她们的职业期通常不连续，产生中断。生育的女性流动人口中，有的选择不再离开农村，也就完全脱离了在城市就业的养老保险体系。有的选择一段时间后返回城市，继续就业。但是继续就业的女性，往往已不具备较强的就业竞争力，而更多地从事非正规就业。非正规就业难以享受到正规的社会保障。所以当职业中断和较早的退休年龄使她们缴费年限不足时，她们只能选择退保，且退保时只能拿到个人账户中的资金，社会统筹部分难以得到。由于女性退休年龄比男性早，而工资普遍低于男性，再加之女性平均预期寿命高于男性，所以我国女性的养老金水平普遍低于男性。各地都规定领取养老金的年龄是达到国家法定退休年龄，女性比男性早10年退休，使女性的缴费年限比男性少10年。缴费年限少意味着和同龄男性相比，与缴费年数相挂钩的基础养老金少，差距相当于当地上年度在岗职工平均工资和本人指数化月平均工资的平均值的10%。同时，个人账户积累也相对较少。根据中国社会科学院妇女性别研究中心的《农村迁移工人在城市劳动力市场表现方面的性别差异》课题报告的数据，女性农民工的平均月工资为910.78元，男性农民工为1100.24元，二者相差近200元。[①] 因此在按实际工资缴费的地区，女性流动人口虽和男性流动人口按相同比率缴费，但和缴费工资挂钩的基础养老金少于男性，个人账户额的积累也少于男性。2015年我国人口平均预期寿命达到76.34岁，其中男性为73.64岁，女性为79.43岁。[②] 个人账户养老金的发放是和预期寿命有关的。个人账户养老金月标准的计算是个人账户中积累资金除以计发月数，计发月数根据职工退休时城镇人口平均预期寿命、本人退休年龄、利息等因素确定。由于女性的预期寿命更长，退休年龄更早，其养老金发放计发月数更大，女性个人账户养老金水平将大大低于男性。综上所述，现行的流动人口养老金的发放办法不利于女性流动人口的老年保障。

2. 生育保险

社会性别理论认为，女性主要承担生育行为，但是并不意味着女性要承担所有的生育责任，"生"由女性完成，"育"则是男女双方以及社会共同的责任。现行生育保险在女性产假与男性陪护假上的规定不同，在实际操作中，生育保险的受益群体主要针对职业女性，而城镇未就业女性、非正规就业的女性、无单位或雇主的农村女性等群体未被覆盖。生育作为人口和社会的再生产活动，是对整个社会的贡献，但是生育保险对女性生育的补偿只针对部分正规就业的女性群体，显然存在缺失。从流动人口社会保险的项目设置来看，有些地区缺少生育保险，有些地区则规定参加住院保险的流动人口可以在生育时按规定享受住院的待遇支付。即在住院起付线以上、统筹基金最高支付限额以下的部分，由基本医疗保险大病统筹基金按住院医院级别支付不同的比例。由于各地的基本医疗保险的住院起付线是和城镇职工的平均工资挂钩的，而流动人口的收入往往低于城镇职

① 滕兴才:《社科院报告:女性农民工平均月工资比男性低200元》,《中国青年报》2008年5月10日。

② 《2017中国人平均寿命最新统计:女性增速比男性快》,至诚财经网2017年7月26日,http://www.zhicheng.com/n/20170726/159209.html。

工的平均收入,因此,相较城市人口来说,这种起付线较高,自付部分对外来流动人口仍然造成了负担,削弱了他们参加保险的积极性。

劳动力市场中,对生育形成的有关性别差异的认识,关系到女性劳动者的就业权利与劳动力再生产。生育是女性不同于男性的仅有生理现象之一,生育保险的不完善增加女性农民工的生育风险,而随着这部分人口的增多,问题越来越不容忽视。由于缺乏生育保险和相关的医疗服务,个别外来务工育龄妇女不做产前检查,甚至选择一些不正规的小诊所非法接生,造成较高的流产、早产和难产发生率。虽然近年来,外来孕产妇死亡率有所下降,但是与户籍孕产妇死亡率相比,仍然偏高。1996—2015 年,上海市死亡孕产妇中外地户籍者占 72.6%(320/441),本市户籍者占 27.4%(121/441)。死亡原因前五位依次为产后出血、妊娠期高血压疾病、妊娠合并心脏病、羊水栓塞、异位妊娠。① 死亡的外来孕产妇呈现以下"三低三高"特点:文化程度低(小学以下文化程度者占 61.5%)、产前检查率低(未接受过产前检查者占 64.3%)、住院分娩率低(在家分娩者占 43.0%),经产妇比例高(57.0%,怀孕三次以上者占 41.6%)、计划外生育比例高(59.0%)、死亡原因中产科直接原因比例高(59.2%)。② 随着我国社会保障制度的日益完善尤其是各地流动人口社会保障制度的逐渐健全,女性流动人口的生育保险将得到应有的重视。

3. 其他险种

在医疗保险中也同样存在性别盲点。首先,从医保的适用对象看,主要面向本区域内的各类用人单位的在业人员。由于女性的就业率和平均工资水平普遍低于男性,因此女性的参保率和医保个人账户的积累额受到了直接影响。其次,从女性的生理特点和身体状况看,女性的医疗需求通常高于男性。根据《2012 中国卫生统计年

---

① 秦敏、朱蓉、杜莉、陆珺、许厚琴、朱丽萍:《上海市 1996—2015 年孕产妇死亡情况分析》,《中华妇产科杂志》2017 年第 6 期。

② 朱丽萍、秦敏、贾万梁:《上海市近十年来外来孕产妇死亡情况分析》,《中国妇幼保健》2007 年第 20 期。

鉴》的调查数据，男性的慢性病患病率和两周患病率分别为 177.3‰和 170.4‰，而女性的慢性病患病率和两周患病率则高达 222.5‰和 206.8‰。现行医疗保险的制度设计缺少对性别差异的考虑，女性承担着和男性相同的缴费责任和义务，存在一定不公平性。失业保险虽然在制度设计上并无涉及两性差异的规定，但正是这种统一性的规定忽视了男女两性的个体性差异，在实施过程中给女性群体造成了利益损失。大部分地区的社保制度中将“非因本人意愿中断就业”作为参保人员领取失业保险金的条件之一，这其实是对女性事实上的歧视。因为该规定并未考虑到女性参保人员可能会因为怀孕而自愿辞职的这一情况。同时，相对于其他失业群体，女性流动人口的家庭负担较重，在劳动力市场上也不受青睐，重新就业的压力更大，更需要加以考虑。基于两性从事的主要行业的性质，男性发生工伤的风险往往要高于女性，为此，现行工伤保险在设立过程中大都以男性作为假设对象，这就容易忽视女性特殊的生理状况及现实需求，如女性在怀孕期间发生了工伤，从而导致流产，或是胎死腹中，或是存在胎儿致畸致残等情况，难以享有伤残福利待遇，尤其在胎儿损伤方面较难认定。此外，工伤保险的受益人主要为城镇职工和流动人口中的在业人员，较少考虑无单位或雇主的农村户籍流动人口，特别是女性从业人员居多的家政服务业人员等群体。

二、流动人口社会保障中性别盲点产生的原因

流动人口社会保障中存在性别盲点首先和我国城镇社会保障制度本身存在性别盲点相关。① 自我国建立国有企业职工基本养老保险制度以来，社会保障制度不断改革，但从社会性别视角来分析，仍然存在一些有待完善的地方。如城镇社会保险的准入条件与正规就业有关，对女性的不利影响更大；养老保险的几次改革使现行制度中

① 刘秀红：《社会性别视角下的农民工社会保险政策》，《人口与经济》2009 年第 1 期。

男女养老金发放水平上的差距比旧模式有所扩大，女性的总体养老金支付水平有较大幅度的降低[①]；各地对生育保险重视不够，影响了实际的参保状况。流动人口社会保障也受到城镇社会保障制度的性别盲点影响。流动人口社会保障将流动人口纳入城镇职工社会保障时，主要在一些项目的缴费率、缴费基数和发放上对现行制度做了一些调整，原来的性别盲点没有根除。

在流动人口社会保障制度的设计上，较普遍的观点是其社会保险不宜求大求全、一次实现，而应坚持分类分层分阶段逐步推进的策略。应该先从工伤保险开始，首先将流动人口纳入工伤保险的保障范畴；其次采取建立大病医疗保险统筹基金的办法，重点解决流动人口进城务工期间的住院医疗保障问题；再次考虑养老保险；而失业保险和生育保险暂缓。[②] 这种观点确实有一定的道理。流动人口面临的社会风险不同，在资源有限的情况下，在政策的设计上可以不一蹴而就，可以循序渐进。但从社会性别的视角来看，它存在严重的性别盲点。它的基本假设是流动人口是同质群体，男性与女性流动人口面临相同的处境，有着相同的社会保障需求。而在现实生活中，女性流动人口寻找工作更难，失业几率更大，她们对失业保险的需求更强。女性流动人口有男性流动人口不具有的生理现象——生育，她们在一生中有段时间不得不因此离开工作岗位。生育保险的有无对她们来说意义更重大。现行的流动人口社会保障制度主要是缴费性的社会保险项目，缺少非缴费的社会救助、社会福利项目。而女性流动人口由于就业难、收入低等特点和生育等生理特征，更需要社会救助制度的保护，需要城市里较完善的社会救助、社会福利体系。由于社会性别意识缺失，女性流动人口的特殊需求没有被充分考虑到，对女性流动人口的社会保障造成了不利的影响。

---

① 陈卫民、李莹：《退休年龄对我国城镇职工养老金性别差异的影响分析》，《妇女研究论丛》2004 年第 1 期。

② 郑功成：《农民工的权益与社会保障》，《中国党政干部论坛》2002 年第 8 期。

三、流动人口社会保障状况的完善建议

流动人口是当前社会结构中的弱势群体，而女性流动人口则是这个弱势群体中的弱势群体。两性流动人口因就业境遇、生命周期存在不同而有不同的需求。传统的家庭分工模式将家庭、生育的角色赋予女性，而经济压力又迫使她们不得不流动迁移。她们在就业领域存在多重困境，因此公共服务要考量流动人口群体的异质性和性别差异及其导致的对社会保障的不同需求，将社会性别意识主流化纳入公共服务中，树立社会性别意识，对两性人口的可能性影响进行评估，确定有利于两性公平的公共服务。同时，要建立和完善我国的流动人口性别统计制度，为完善公共服务提供依据。可以建立包括流动人口在内的分性别统计数据库，每年定期发表一些重要的性别统计数据，满足政府决策部门的需求。具体而言，可以从以下两方面完善流动人口的社会保障状况。

其一，完善我国养老保险设计，着力保障女性流动人口的养老保险权利。

将社会性别意识主流化，完善养老保险设计，体现社会保障的公平性、保障性、福利性原则。改革养老金的计发办法，让养老金的发放有利于收入低、预期寿命长的女性，保障她们老年期的基本生活；改革退休年龄的相关规定，实行弹性退休制度，既可保障女性劳动者的就业权，同时也能提高她们的退休待遇水平；降低缴费年限条件，实现农民工养老保险社会统筹基金的异地转移，使女性流动人口真正享受到公平的养老保险的权利。完善非正规就业女性的社会保障，使非正规就业的女性农民工有资格参加农民工社会保险；减少农民工加入社会保险的限制条件，去除某些参保的职业规定。

其二，建立与完善流动人口的生育保险，保障女性流动人口的生育保险权利。

很多城市在逐步探索将流动人口的生育保险制度纳入生育保险范围，如厦门从 2007 年 7 月 1 日起，已将流动人口全部纳入生育保

险保障范畴。生育保险费完全由用人单位缴纳，生育保险待遇包括生育津贴、生育生活补助和计划生育手术补贴。2016 年上海市发布的《关于外来从业人员参加本市生育、失业保险若干问题的通知》规定：与本市用人单位建立劳动关系的外来从业人员，应当参加本市生育保险。外来从业人员参加本市生育保险，生育保险费由用人单位按照本市相关规定的缴费基数和比例缴纳，个人不缴纳。外来从业人员参保后与本市户籍职工享受同等的生育保险待遇。这些地区的政策对于保障本地流动人口的生育保险权益意义重大，对于其他地区也有借鉴作用。但对于全国数量庞大的流动人口来说，各地规定不同，难以相互衔接，不利于流动频繁的女性流动人口。而且农民工生育保险的实施范围没有覆盖全国，部分农民工仍然享受不到。因此，应制定关于生育保险的基本法律或行政法规，规范我国的生育保险行为，将包括女性流动人口在内的女性劳动者纳入全国性的生育保险制度内，解除享受生育保险的参保时间限制。生育保险的征缴也可合并进医疗保险中，不但可以解决生育保险基金征缴难的问题，而且可以节省单独征收生育基金的成本。继而在条件允许的情况下，建立面向全体国民的“全民生育保险”，不分户籍、不分性别，保障所有生育女性的权利。

其三，探索完善其他险种，保障女性流动人口的各项权利。

在失业保险方面，我国现行的《失业保险条例》已经把流动女性中的合同工纳入了失业保险体系中，且其保险费由用人单位支付。这一条例具有良好的经济和社会效益，在此基础之上，还需实施技能培训和再就业工程，因为这对于改进、增强和提高流动女性的就业技能和职业竞争力至关重要。为流动女性提供社会保障，要根据流动女性的不同特点有所侧重：如针对高中及以上学历失业流动女性，要注重其所学专业与劳动力市场的匹配性，帮助其尽快转变就业观念，增强转岗就业能力，继续在各种新闻媒体出台和发布企业用工信息，引导流动人口有序合理流动；对学有所成者，应鼓励其创业；针对小学及以下学历失业人群，要加强基本职业技能培训，促进其向专业化、技能化、实用化发展；鼓励就地就近转移，引导女性参加当地的新农村建设和小城镇建设。

在流动女性的工伤和医疗保险方面，可以考虑采用工伤和医疗保险的结合险种，将工伤保险纳入医疗保险中。虽然流动女性所从事的行业多是餐饮、服务和制造业等劳动密集型的行业，但是化学液体、机械伤害和气体中毒等损伤流动女性的事故也经常发生，而且对她们造成身心双重伤害，重者会导致残疾甚至丧失劳动能力。所以工伤和医疗保险应该强制改善实施，对处于高危险的行业和作业环境的流动女性来讲，鼓励她们在经济情况允许的基础上购买部分商业工伤和医疗保险，这样可以使她们在受到伤害时获得更高的补偿。同时，对于流动女性相对集中的发达地区，鼓励政府和企业共建工伤和医疗保险基金。

第二节　流动人口公共卫生计生服务的社会性别解析

所谓流动人口基本公共卫生计生服务是指针对流动人口实行的计划生育和公共卫生服务。社会性别理论的基本内涵是要求社会性别平等，让男性和女性平等地参与、贡献、获益于社会发展。社会性别平等意味着男性和女性的不同行为、期待和需求能够得到同等考虑、评价和照顾，即所有人，不论男女，都可以自由发展个人能力和自由做出选择。运用社会性别视角审视流动人口基本公共卫生计生服务可以发现，与其他公共服务相反，流动人口公共卫生计生服务则因受生育是女性责任的社会性别观念影响而主要针对女性，难以满足男性流动人口的需要，进而也影响到女性的生殖健康。

一、流动人口公共卫生计生服务中的男性盲视

目前，我国正在大力推进基本公共卫生服务均等化，流动人口既是重点人群，也是难点人群。而流动人口的基本公共卫生计生服务

的重点人群大多都是流动育龄妇女，如《流动人口计划生育管理和服务工作若干规定》第五条规定：现居住地应将流动人口计划生育工作纳入本地区经常性管理和服务范围，实行与户籍人口同宣传、同服务、同管理。流动人口已婚育龄妇女是计划生育管理服务的重点，现居住地应为其提供计划生育、生殖保健的宣传咨询和技术服务。再如《流动人口健康教育和促进行动计划(2016—2020年)》中的行动范围为：在全国范围内实施，以流动人口基本公共卫生计生服务均等化重点联系城市为重点地区，以1980年后出生的新生代流动人口、15～49周岁流动育龄妇女和6～14周岁流动学龄儿童为重点人群。大部分地区在实际服务中也将已婚流动育龄妇女作为重点服务对象，在对流动育龄妇女的计划生育管理、服务和避孕技术的提供方面都有所倾斜。以流动育龄妇女作为服务重点无可厚非，但是忽视了对男性流动人口的服务。针对该人群的经常性宣传明显缺乏，他们避孕(男性绝育术和避孕套)所需求的随访服务只有近1/3得到实现。男性避孕方法知情选择开展缺乏广度。由于中国现行的计划生育避孕药具的发放只针对已婚育龄人群，未婚人群虽然有相对高的避孕知识，却较难获得其需要的服务。未婚者使用的避孕方法多为短效、安全性较差的方法。总体上该人群生殖健康服务可得性不足，而需求意愿很高。

二、男性流动人口的生殖健康状况不容乐观

现实中，男性流动人口的生殖健康状况不容乐观。2015年对深圳市流动未婚男性的调查显示，流动未婚男性的个人卫生和生殖健康状况存在各种问题，对人口计划生育管理和服务提出严峻挑战。被调查对象在个人卫生方面，有9.2%的人内裤与袜子混在一起洗，39.4%的人与他人共用洗浴盆具，每天都清洗一次下身的只有22.4%。在性观念和性行为方面，绝大多数被调查对象对婚前性行为持认可或无所谓的态度，其中31.9%的人认为双方感情要好就可以有性行为，47%的人认为婚前性行为正常。不是每次性行为都采取

避孕措施的占71.2%，每次性行为都采取避孕措施的只占28.8%。[①]也有调查显示，由于部分男性流动人口的个人流动原因而存在性压抑问题。据《信息时报》的一项广州民工调查表明，接受调查的50人中，有26人承认因长期没有性生活而不同程度地感到心理压抑和不适，例如烦躁、郁闷、心神不宁、萎靡不振，还有人经常出现性幻想；还有9人认为，因为长时间没过性生活，他们容易激动，脾气暴躁；1人坦承出现了性功能障碍迹象，而且他们都感到自己特别容易疲劳。性学专家指出外来民工夫妻像"牛郎织女"一样长期分居，遏制了人的正常需求，对身体健康极为不利，而长期的性压抑会导致神经官能症，再严重则性格改变，易怒易暴，更甚者将人格分裂，产生对社会的破坏力。一项调查显示，40%的农民工表示可以理解长期没有性生活的人去找"小姐"。[②] 由于受教育程度低，流动性大，生活、卫生、安全条件差，艾滋病防范意识薄弱等因素，流动人口的主体农民工是艾滋病病毒传播的高危人群。如2014年，河南省累计确认艾滋病感染者63940例，2014年1—10月，通过异性性传播的病例有2958人，其中农民工约占七成。[③] 而被感染的农民工中，男性显著多于女性。

2012年对台州市外来育龄男性流动人群的调查也显示，男性流动人口参与生殖健康的情况也不太乐观，水平较低。(1)男性生殖健康知识知晓情况。调查对象对女用避孕方法（女性绝育术、宫内节育器和口服避孕药）的知晓情况要明显好于对男用避孕方法（男性绝育术、性交中断法，除避孕套）的知晓程度（$P<0.05$）；对避孕套的了解，已婚与未婚没有显著差异（$P>0.05$）；未婚者对避孕知识的全面掌握程度要高于已婚者，尤其在紧急避孕方面（$P<0.01$）。(2)接受宣教、咨询和随访服务的满意度。调查对象在现居住地获取计划

---

① 伍丽群、许林勇：《深圳流动未婚男性青年生殖健康及需求调查研究》，《安徽卫生职业技术学院学报》2016年15卷第1期。

② 《流动人口计划生育/生殖健康调查与思考》，《当代中国人口（英文版）》2006年第3期。

③ 《河南确认艾滋病感染者63940例 农民工占七成》，中国网2014年11月30日，http://news.163.com/14/1201/09/ACCB20PC00014JB6.html。

生育宣传教育、知情选择、技术随访等服务的总体质量和水平非常低，且未婚男性服务可得性不及已婚男性（P<0.01）。调查对象中有147人（16.3%）在当地计划生育服务机构主动咨询过避孕方法，他们对咨询服务满意度为87.4%。（3）男性参与生殖健康情况。避孕参与方面，41.6%的已婚男性流动人口认为“与妻子讨论如何选择避孕方法意义不大，由她自己决定”；22.3%的人认为“这是女人的事情”；21.9%的人认为“应该相互商量一下”；只有7.27%的人“非常愿意”双方同时参与避孕知识咨询。在外务工的经历让很多男性流动人口认为“我只管赚钱，她管好家是天经地义的”“参与计划生育那是她们自己的事情”。对妻子曾经有引、流产经历的男性访谈，自述曾自觉主动参与陪护的占41.2%，而妻子剖宫产的男性参与主动陪护的比例达60.6%。对自己选择男性绝育术的56人的访谈中，79.1%的人认为妻子健康状况不好，自己有必要担当。“流动人口性与生殖健康状况基线调查”显示，被调查对象中，8.7%的人或其配偶来到本地后有避孕失败的经历，其中未婚有性生活者有避孕失败经历的比例为18.4%，明显高于已婚者的8.1%，而未婚男性使用避孕节育措施的比例为52.3%，未婚女性的比例为66%，男性显著低于女性。① （4）接受宣传教育及生殖健康需求。对“有否参与当地计划生育宣传教育活动”的回答中，能说出具体活动名称的只有11.5%。70.1%的人认为专门为男性流动人口提供的计划生育宣传品不多，内容也单一；在计划生育知识获取方面，65.3%的人认为与女性相比获得被动教育的机会偏少，其中83.3%的人认为几乎得不到为男性提供的细微而个性化的服务。接受过当地生殖健康检查的男性，对服务的满意率为57.7%，其中认为同女性一样也需要开展经常性生殖健康保健服务的男性占87.2%；43.4%的人认为接受免费检查的次数太少，无益于男性慢性疾病的跟踪随访和治疗；47.3%的人认为

---

① 刘鸿雁、汝小美、丁峰：《流动人口的生殖健康服务》，《人口研究》2004年第5期。

妻子不在身边影响了自己的生殖健康质量。[①] 2014 年流动人口动态监测调查中，接受过生殖与避孕健康教育的男性比例为 48.6%，女性比例为 58.3%，女性高出男性近十个百分点，说明在接受生殖宣传教育的数量方面，女性多于男性。

三、男性流动人口参与生殖健康水平低的影响因素

总体而言，流动男性人口参与计划生育、生殖健康的水平较低。影响男性参与的因素错综复杂，而且常常是个人、家庭和社会因素相互作用的结果。研究显示，城乡、本人文化程度、妻子文化程度、是否接受宣传教育都与男性参与程度存在较大关联。[②] 其一，流动人口的受教育程度较低、认知能力有限，参与的主动性和承担责任的意识不高是影响其主动参与生殖健康的主要个体因素。其二，在传统的生育文化和观念中，计划生育、生殖健康多被认为是女性的事情，较少涉及男性。这种生育文化和观念对男性流动人口有重要影响，愿意双方共同参与咨询避孕方法的支持率非常低；大部分男性选择绝育术是因为妻子健康状况不佳，存在一定的被动心理；引产、流产的陪护率不高，对女性计划生育、生殖健康的关爱、帮助以及责任意识低。其三，我国男性避孕节育方法技术支持有限。虽然我国整体节育方法具有技术领先、门类齐全的特点，但多数都是女用的，男性除了避孕套、输精管结扎外，几乎没有别的选择。最后，还有流入地计生卫生服务的男性盲视，即流动人口公共卫生计生服务的主要对象是女性，忽视了男性在生殖健康中的重要作用。生殖健康宣传教育培训基本上都是以女性为中心，针对男性流动人群的宣传较少，仅有一些节日性或临时性的宣传服务。缺乏关心男性流动人群视角的、适合男性个体的保健信息。在男性流动人口中，常见的卫生和生殖

① 应艳阳、林文龙、朱仁永、李敬荣、王静：《男性流动人口主动参与生殖健康活动状况分析》，《中国计划生育学杂志》2013 年第 5 期。

② 应艳阳、林文龙、朱仁永、李敬荣、王静：《男性流动人口主动参与生殖健康活动状况分析》，《中国计划生育学杂志》2013 年第 5 期。

健康科普知识知晓率低于育龄女性流动人口。这种流入地计生卫生政策中对男性流动人群的盲视不仅造成男性参与生殖健康意识薄弱,降低了男性的生殖健康参与水平,反过来也给女性的生殖健康带来了不利影响。

四、流动人口公共卫生计生服务的完善建议

1994年开罗国际人口与发展大会(ICPD)《行动纲领》明确提出"应促进男子参与生殖健康和分担责任"。① 生殖健康是男女双方的事,没有男性的参与,没有强化男性的责任和义务,就不可能真正实现整个人群的生殖健康。为促进整个育龄流动人群生殖健康水平的和谐发展,必须将性别意识纳入流动人口公共卫生计生服务中,改变传统的社会性别观念,积极倡导生育是两性责任的观念,采取积极措施提高育龄男性流动人群参与计划生育、生殖健康的主动性和积极性,拓展服务的广度和深度,满足男性参与生殖健康、提高健康水平的需求。

其一,将性别意识纳入流动人口公共卫生计生服务。要正视性别差异,将性别意识纳入流动人口公共卫生计生服务,转变传统的社会性别观念,改变生育主要是女性责任的传统观念,积极倡导生育是两性共同责任的理念。依托企业、社区、协会、流动人口团体等,面向育龄男性流动人群,宣传有关生育方面的科学、文明、进步的新思想、新观念、新风尚,在他们中传播和推广新型婚育观念,引导他们走出传统观念下的生活模式,从根本上提高其自觉参与意识,实现其生活方式的转变,促进家庭生殖健康水平的提升。另外还需要改变传统的服务观念,重视针对男性流动人群的宣传,改变以往宣传不全面的格局,逐步实现男性与女性同步宣传、同步教育、同步培训,改善育龄男性流动人群计划生育、生殖健康科普知识水平低的局面,加强宣传

---

① 刘小章、解振明:《生殖健康与男性参与》,《中国计划生育学杂志》2002年第10期。

男性参与的具体权利、义务和责任，加强宣传有关男性参与的相应鼓励措施，以长效保障机制提升男性参与的社会氛围，提高其参与的积极性。

其二，拓展卫生计生服务的广度和深度，满足男性参与生殖健康的需求。由于目前流动人口计生服务中知情选择干预的对象主要集中于育龄妇女，从而忽视了男性流动人口的避孕方法知情选择服务。对男性流动育龄人群避孕方法知情选择开展面不够广，也不够深入，尤其是针对未婚流动青年的优质服务基本缺失。需要优化卫生计生服务资源配置，创新流动人口服务模式，提高服务可及性和有效性，拓宽服务的广度和深度，满足男性参与生殖健康、提高卫生健康水平的需求。以企业和社区为纽带，扩大男性流动人群避孕方法知情选择工作的普及面；针对未婚男性流动人群使用多为短效、安全性较差的避孕方法这一特点，通过宣传教育，促进其正确使用短效避孕方法和自然避孕方法的同时，提高紧急避孕意识，增强避孕的有效性，降低意外妊娠的发生；同时对育龄流动人群也需要用一定的奖励措施鼓励他们尽可能使用长效避孕方法，因为长效避孕方法使用的增加将会对减少非意愿妊娠起相当大的作用。[①] 这样不仅可以提高该类人群避孕节育的有效率，满足他们的生殖健康需求，还有助于提高他们的生活质量，提升其对卫生计生服务工作的满意度。

第三节　大城市积分落户服务的社会性别解析

一直以来，流动人口在为城市发展做出巨大贡献的同时，却得不到同等的市民待遇，越来越多关于外来流动人口“市民化”、融入城市生活、享受平等的社会福利待遇等问题渐渐成为社会关注的焦点。

---

① 谢立春、曾序春、钟于玲、王亦凡、陈泽强、史闯、陈雄、黄惠贤、麦惠玲：《流动未婚男青年生殖健康现状研究》，《中国性科学》2005年第11期。

为进一步顺应时代发展需要，各大城市推出了积分落户服务。所谓积分落户是指规定外来务工人员积分入户核准分值达到一定值后即可申请落户。它在一定程度上促进了社会公平，优化了人才引进结构，控制了特大城市扩张规模。2014 年 7 月 30 日颁布的《国务院关于进一步推进户籍制度改革的意见》提出：合理确定大城市落户条件，可结合本地实际，建立积分落户制度。严格控制特大城市人口规模。改进城区人口 500 万以上的城市现行落户政策，建立完善积分落户制度。这标志着积分落户被正式纳入户籍制度改革目标。运用社会性别视角审视积分落户服务，可以发现其仍有待完善之处。

一、大城市积分落户概况

在积分落户制被正式纳入户籍制度改革目标之前，广州、上海等大城市就对此进行了一系列探索实践。如广州市积分落户分为五大板块(满 60 分可获户籍人员待遇)(1)文化程度：本科 60 分，大专或高职 40 分，中技、中职或高中 20 分。(2)技术能力：中级职称 60 分，高级工、事业单位工及技术工岗位三级 40 分，中级工、事业单位工及技术工岗位四级 20 分。(3)专业技术类职业资格或职业工种符合本市积分职业资格及职业工种目录 20 分。(4)社会服务：近 5 年内，参加献血每次积 2 分，参加志愿者服务或服务每满 50 小时积 2 分。(5)纳税：申请当年前三个纳税年度，在本市依法缴纳个人所得税净入库税额累计达到 10 万元 20 分。上海的积分指标分为：基础分部分，由年龄、受教育程度、受聘情况、亲属关系、住房情况组成；专业分部分，由专业能力和专业培训组成。2014 年，天津市也出台了积分落户细则，明确了积分落户的具体指标、分值及提交材料。各城市的分值设置各有偏重，如广州市的落户积分中本科 60 分，天津市的本科及以上学历 40 分。

为贯彻落实党的十八大、十八届三中全会和中央城镇化工作会议关于进一步推进户籍制度改革的决定，2014 年 7 月，《国务院关于进一步推进户籍制度改革的意见》印发，在明确提出“全面放开建镇和小城市落户限制”“有序放开中等城市落户限制”的同时，要求“合理确定大城市落户条件”，这也是“严格控制特大型城市人口规模”的必然举措。这意味着积分落户制被正式纳入户籍制度改革目标。很快，天津、北京等城市推出了积分落户新政。2017 年 1 月 22 日，天津市人力社保局、市发改委下发《市人力社保局市发展改革委关于明确积分办理有关问题的通知》，对申请单位和申请人关心的居住证积分的受理条件、积分确认、积分计算等问题进一步做了说明。其中积分落户的具体指标包括年龄、受教育程度、技术技能水平、社保和公积金、住房、职业、落户地区、纳税、婚姻、奖项和荣誉称号、工作年限、退役军人、守法诚信等 15 项（具体见表 6—1）。2018 年 4 月 11 日，北京市人力资源和社会保障局等 13 个部门联合发布《北京市积分落户操作管理细则（试行）》。4 月 16 日起，北京首批积分落户申报工作正式启动。北京市积分落户的四个资格条件是：持有北京市居住证、不超过法定退休年龄、在京连续缴纳社会保险 7 年及以上、无刑事犯罪记录。具体包括 9 项积分指标：合法稳定就业、合法稳定住所、教育背景、职住区域、创新创业、纳税、年龄、荣誉表彰、守法记录。与广州市、北京市的积分落户指标相比，天津市的落户积分指标要复杂和多样一些，除了基本分之外，还增加了导向分、附加分和负积分，具体的分值非常详细。

表6—1　2017年天津市积分落户指标及分值表

类别	序号	指标	指标内容及分值
基本分	1	年龄	35周岁以下(含35周岁,20分); 36～45周岁(10分)。
	2	受教育程度	本科及以上学历(40分); 大专学历(30分)。
	3	专业技术、职业技能水平	具有高级职称(50分);具有中级职称(40分);具有初级职称(20分);高级技师(30分);技师(25分);高级工(20分);中级工(15分);初级工(5分)。
	4	社会保险	参加社会保险按险种计分。缴费不满60个月的,每年最高积12分,其中:参加基本养老保险(4分),参加基本医疗保险、失业保险、工伤保险、生育保险(各2分);缴费满60个月的,自满60个月的下一月起,每年最高积18分,其中:参加基本养老保险(6分),参加基本医疗保险、失业保险、工伤保险、生育保险(各3分)。
	5	住房公积金	参加住房公积金的每年积2分。
	6	住房	在天津市有本人产权住房或者与配偶、父母、子女共有产权住房(40分)。包括:已签订天津市商品房买卖或房屋买卖协议,并已缴纳契税取得契税完税证明;或取得不动产权证书。
导向分	7	在津连续居住年限	依法在津办理居住证签注,每年签注一次,每次积6分。
	8	职业(工种)	非常紧缺职业(30分);紧缺职业(20分);一般紧缺职业(10分)。
	9	落户地区	申请落户滨海新区(20分),申请落户武清区、宝坻区、静海区、宁河区、蓟州区(15分)。

续表

类别	序号	指标	指标内容及分值
附加分	10	纳税	近3年在本市依法缴纳个人所得税累计10万元及以上(20分)。
	11	婚姻情况	已婚,且夫妻双方均在本市就业,配偶缴纳社会保险满24个月(10分)。
	12	知识产权	拥有有效的中国发明专利,且为该专利的专利权人或专利权人之一,该专利自申请日起申请人或专利权人未发生过变更(20分)。
	13	奖项和荣誉称号	获得党中央、国务院授予的奖项和荣誉称号(40分);获得省(自治区、直辖市)党委、政府或中央和国家机关部委等授予的劳动模范或先进工作者荣誉称号,并享受省部级劳动模范或先进工作者待遇(30分);获得省(自治区、直辖市)党委、政府或中央和国家机关部委等授予的奖项和荣誉称号(20分);世界技能大赛获奖选手(40分);获得中华技能大奖、国家级技能大师、全国技术能手称号(30分);获得天津市技能大师称号(20分)。
	14	退役军人	退役军人服役期间荣立一等功(20分);二等功(10分);三等功(5分)。
负积分	15	守法诚信	5年内有提供虚假信息申办积分入户记录的(包括虚假户籍、学历、专业、就业、住房、投资、纳税证明等),每条减30分;5年内有刑事犯罪记录的,每条减100分;信用记录中逾期在90天以内未还款的,逾期笔数累计1笔不减分,2～5笔减10分,6～10笔减20分,超过10笔减30分,逾期超过90天以上即呆账情况的,一律减30分。用人单位提供虚假信息申办积分入户的,取消以后3年内的申报资格。

各大城市的积分落户服务有一些共同的特点：一是积分指标和导向明确多元；二是人才评定务实科学；三是落户依据公平灵活。积分落户政策相对过去的确公平了许多，给流动人口打开了一道通过自身奋斗获得大城市户籍的流通大门，既促进了社会公平和公共服务均等化，又会提高经济效率，激励普通劳动者踏实努力工作，实现自身发展和城市建设的双赢。

二、社会性别视角下大城市积分落户服务有待完善之处

虽然各大城市的积分落户制给流动人口提供了更公平的定居大城市的路径，但是通过社会性别视角进行审视，可以发现现行的各大城市积分落户制存在一些有待完善之处，对两性流动人口的影响也不尽相同。

首先，从推行积分制的总体情况来看，年纪越轻、学历越高、专业技术职称和技能等级越高、缴社保年限越长的，总积分会越高。可见积分制的设计重视效率、轻视公平，重视人才引进、轻视农民工关怀，重视招商引资、轻视农民工实际贡献。如北京市积分落户的四个资格条件之一是在京连续缴纳社会保险 7 年及以上，这个资格条件对很多就业不稳定、难以持续缴纳社保的农民工而言较困难。在北京市积分落户的 9 项积分指标中，他们在大多数指标项上不具备优势。他们就业的边缘性和不稳定性造成在“合法稳定就业”一项中不具备优势；他们收入偏低，大多居住在工作单位提供的宿舍和出租房，难以有合法稳定的住所；他们的受教育程度普遍偏低，与接受过高等教育的外来人口相比更是处于劣势；由于收入偏低，在纳税数额上也不具可比性，等等。在北京市 2018 年积分落户公示名单中可以看出，达到积分落户资格的流动人口大多数都来自科技、金融、贸易类企业，如北京猎户星空科技有限公司、中国石油天然气股份有限公司勘探开发研究院、中国铁路北京局集团有限公司北京客运段、北京首钢建设集团有限公司、九成空间科技有限公司、联强国际贸易有限公司、北京中色金同人力资源有限公司、中国民生银行股份有限公司

等，这些企业中恐怕难觅农民工的身影，绝大多数都是受过高等教育、拥有一定技术技能的人才。

其次，与男性农民工相比较，女性农民工在社保、教育、技能等方面，均处于劣势。2014 年全国流动人口动态监测数据显示，除了生育保险中，女性比例(51%)略高于男性(49%)之外，其他包括城镇职工基本医疗保险、城镇居民基本医疗保险、商业医疗保险、工伤保险、失业保险和住房公积金等保障类型中，男性比例均显著高于女性。此外，还有积分指标里非常重要的教育、技术技能水平指标方面，男性也占有更大优势。2014 年全国流动人口监测数据显示，无论男性还是女性流动人口，学历占比最多的仍然是初中，其中男性受教育程度为初中的比例为 53.8%，女性受教育程度为初中的比例为51.2%，但是两性比较而言，女性流动人口整体的受教育程度低于男性流动人口，女性未上过学和小学学历的比例高于男性。其中，未上过学的男性比例为 1%，女性为 2.4%，小学学历的男性比例为 10.9%，女性为 14.3%。除了大学专科学历的女性比例略高于男性，研究生学历男女比例相当之外，从初中到大学本科学历的女性比例均低于男性。

三、大城市积分落户服务的完善建议

其一，树立公平的价值导向。户籍制度改革的最终目的是去除户籍的捆绑福利，还原其人口信息管理功能。很多城市户籍改革中将合理引进外来人口变为人才引进，违背了“以人为本”的发展理念。首先，积分落户应充分考虑外来农民工的实际贡献和合理需要，给予他们一个相对公平的竞争平台。其次，加快产业转移，增加中小城市和小城镇的吸引力。控制大城市的发展规模关键在增加中小城市吸引力，实现劳动力合理有效流动，缩小发展差距。中小城市和小城镇发展空间广阔、潜力很大，但产业支撑和公共服务功能还需要一个逐步完善的过程，吸引人口集聚的能力不足。这就需要加强政策引导、产业引导和观念引导，加快产业布局调整，加快发展中小城市，有重点地发展小城镇，增强中小城市产业承接能力，以就业带动促进人口集聚，引导人口就地就近转移就业。

其二，科学设置准入指标和积分。积分落户既要注重学历、职称，也要重视工作年限，科学设定积分。要推进以人为本的城镇化，把促进有能力在城镇稳定就业和生活的常住人口有序实现市民化作为首要任务。大城市需根据实际情况，适当增加加分项，让积分制更多地惠及农村流动人口，尤其是女性，进一步提高工作年限和居住年限的分值，适当降低学历和技能分值，缩小分值差距。另外，分值的分配要考虑人才结构的合理性。大城市如果仅有高学历、高科技人才构成也难以正常运转。在设置积分落户指标时需要综合考虑城市人才需要，不要过多强调人才的高低端，在分数设置上更多体现公平性。

其三，大力推进基本公共服务均等化。户籍管理制度本身的改革并不复杂，核心的问题在于许多公共服务和社会福利政策与户籍挂钩。因此，建立健全与居住年限等条件相关的基本公共服务提供机制，解决好暂不具备落户条件或者不愿落户城镇人口的教育、就业、医疗等基本公共服务均等化问题应是主要目标。2012 年 2 月印发的《国务院办公厅关于积极稳妥推进户籍管理制度改革的通知》明确指出：着力解决农民工实际问题，“对农村人口已落户城镇的，要保证其享有与当地城镇居民同等的权益；对暂不具备落户条件的农民工，要有针对性地完善相关制度，下大力气解决他们当前在劳动报酬、子女上学、技能培训、公共卫生、住房租购、社会保障、职业安全卫生等方面的突出问题”。实现教育、医疗、住房等基本公共服务均等化，保障农民工尤其是女性农民工的基本权益，是改革的重中之重，也是当务之急。

本章小结

从前述分析可以发现，包括社会保障服务、公共卫生计生服务、积分落户服务在内的流动人口的公共服务存在不同程度的性别盲视（或男性盲视或女性盲视）现象，进而造成事实上的两性获益不平等。流动人口的社会保障因存在性别盲点，而在准入条件、保险金给付等方面不利于女性流动人口。流动人口公共卫生计生服务则因受生育主要是女性责任的传统性别观念影响而对男性盲视造成对男性流动人口不公正，进而影响到女性健康。大城市积分落户服务则在资格条件和积分指标设计方面存在不足之处，实施效果上将部分农民工排除在外，尤其是女性农民工。缺乏社会性别意识的流动人口公共服务成为两性流动人口平等发展的障碍。流动人口的公共服务对流动人口的权益有重要影响，只有将社会性别意识纳入公共服务，才能保证两性流动人口的平等发展。在公共服务中充分体现性别意识，必须考虑到两性的实际状况，将两性的差异、两性是否同样得到发展纳入考量，尤其要将女性发展纳入整体规划，切实推动两性流动人口的机会权利平等、待遇平等和利益平等与公正。

第七章　流动中性别分异的多维形塑与性别平等前景

城乡流动、非农就业过程中，两性呈现出鲜明的差异。背后的户籍制度及相关社会保障制度、社会性别规范等都从不同维度形塑了这些差异。虽然存在诸多差异，但是必须承认流动确实给两性平等发展带来了契机，其中既有社会性别观念的变化，越来越多的女性加入流动大军，也有性别关系（包括代际关系、夫妻关系）趋向平等的变化，更有女性自身观念的改变。当然性别平等的变化不能过于高估，现实中仍存在一些障碍。在以人为本的新型城镇化发展的未来，我们有理由相信也期待两性能突破各种障碍，朝着更平等的方向迈进。

一、流动中的性别分异与多维形塑

（一）流动中两性的鲜明差异

迁移流动是一种稀缺资源分配的过程，也是一种社会性别角色规范和分工再调整的过程，这一过程无疑深深铭刻了传统社会性别文化的烙印。而与城市的社会融合过程，除了城乡二元体制的影响，也是一个各种资源和文化价值观进行再建构和再整合的社会化过程。在这一过程中，同样显现了明显的性别差异。

1. 存在个体特征的差异

在年龄上，女性流动人口的平均年龄低于男性，年轻女性是女性流动人口的主体。在受教育程度方面，大多数流动人口的受教育程度为初中。比较而言，女性流动人口的平均受教育水平低于男性。在婚姻状况方面，在迁移初期，流动人口的婚姻状况呈现出很大差异，男性中已婚者多于未婚者，女性中未婚者多于已婚者，女性未婚者多于男性未婚者，已婚女性所占比例小。从外出类型上看，未婚女性的流动多为自主性的流动，已婚农村女性的流动是从属性流动。随着时间的推移和改革开放的深入推进，在进入21世纪后，流动人口婚姻状况的性别差异变得不再显著，无论是男性还是女性，已婚者都占据绝大多数。未婚流动人口中，男性比例略高于女性，而已婚流动人口中，女性比例略高于男性。这表明，两性的个体特征有历史性的变化。

2. 迁移数量和因素存在差异

在流动人口迁移初期，男性占绝对多数，女性数量很少。因为男性大量外出而造成了"留守妇女"这一特殊社会群体。随着改革开放的不断深入和城乡迁移的不断扩张，大量农村女性也加入流动大军，成为流动人口，两性在城乡迁移数量上的差距开始逐渐缩小。尽管具体的迁移因素有所不同，但是两性群体之间的差异仍然比较显著。一般来讲，男性流动人口中经济型流动的比例更高，而女性流动人口中，非经济型流动的比例更高，更多的是婚姻迁移。虽然务工经商是排在首位的两性流动原因，但是将迁移动机细化可以发现，与男性相比，女性的迁移动机更接近于以发展为主，而不是为生存所迫。

3. 非农就业的差异

表现在行业和职业分布上，流动人口的劳动就业存在着明显的横向隔离和纵向隔离。从行业分布来看，女性流动人口多集中于餐饮业、服务业、玩具、电子等轻工业和商业；而男性则集中在建筑业、重工业和运输业，形成横向隔离。在职位结构上，女性主要分布于生产流水线上，从事技术性不高、简单重复的操作性工作，与从事管理或高技术性工作的男性相比，职位较低，形成纵向隔离。表现在就业率上，男性就业率显著高于女性。在收入上亦是如此，男性收入显著高于女性，既存在因不同工种产生的收入差异，也存在同工不同酬的问题。在劳动待遇和社会保障方面，与男性相比，女性的职业劳动条件差、待遇低、权益无保障问题更为严重，劳动合同、劳动条件和待遇、社会保障等各项指标值均低于男性。在职业流动和发展上，女性流动人口主动转换工作率低，职业流动层次基本上是水平流动，向上流动的机会和频率远小于男性，往往还出现逆向转移，即向农村、向家庭回流，向下流动的机会大。

4. 社会融合的差异

在社会融合方面，两性流动人口也表现出明显的差异。从量化分析来看，男性流动人口在经济和社会层面的融合程度上高于女性流动人口，而在心理层面的融合程度上男性则不及女性，显示出流动人口社会融合方面的复杂性特征。女性流动人口的经济和社会融合方面应是政策支持的重点，男性流动人口在心理和情感方面需给予更多支持。

（二）流动中两性分异的多维形塑

流动过程中两性间之所以出现鲜明的分异，背后的个人、家庭、社会因素错综复杂。这些因素相互交织，共同形塑了两性流动人口的差异。

1. 女性流动人口自身受教育程度较低影响了其城市生存及社会融合

流动人口个人素质上的差异是条件性因素。教育程度的高低直接决定女性流动人口在城市的职业和收入，间接影响她们在城市的生活和城市融入。同时，受教育程度高的女性流动人口，更容易接受和进入城市生活环境，城市融入的意愿和能力更强。除了受教育程度以外，参加职业技能培训也是提高女性流动人口人力资本的重要途径，拥有适应城市就业需要的劳动技能，掌握城市当地的语言，遵从约定俗成的城市生活行为准则，也有利于她们在城市的向上流动。从前述分析可以看出，与男性流动人口相比，女性流动人口受教育程度普遍较低，以初中文化水平为主，较少受过职业培训。她们进入城市以后，由于缺乏知识和相应的城市职业技能，再加上她们自身的体力和生活受到许多限制，生存能力比男性流动人口要弱。这种文化、生理、心理、身体等素质的低下决定了她们不能从事更高层次的职业。微薄的收入和高昂的城市生活成本严重阻碍着女性流动人口对城市生活的适应，所以在社会融合度上低于男性。

2. 公共服务和社会福利制度形成一定社会排斥

改革开放以来，随着城乡发展水平和公共财政水平的差异日益扩大，城乡差距和城乡壁垒也有所强化。社会福利体制则对城乡差异扩大化产生影响，并限制了劳动力自由流动和推进城市化。20 世纪 80 年代以来城乡壁垒有所松动，允许农村剩余劳动力到城市地区务工经商，城乡人口迁移和流动得到迅速发展。但是部分流动人口较难获得城市发展所带来的经济和社会效益，限制了部分外来移民融入当地社会。

在这种背景下，乡城流动迁移初期，流动人口以男性为主，女性留守农村成为流动人口家庭保证正常生活的理性选择。城乡二元分割、社会资源严重不足的背景下，流动人口家庭不可能实现举家迁移，只能实行个别家庭成员（主要是男性）先行外出、寻找就业机会，另外一些家庭成员（主要是女性）固守家庭和农村的策略，两性的分异是必然现象。随着人口的大规模流动，越来越多的女性加入流动大军，但是女性流动人口在寻找职业的过程中仍会受到部分限制，不能获得同等的发展机会。比起男性流动人口，她们进入正规经济部门就业的机会较少，在获取资源和机会中处于结构性边缘化的状态。女性流动人口面临着一定的社会保障缺失，在内心里认为自己是城市的过客，而不是城市的主人，这种过客心理阻碍了她们的社会融合。

3. 缺乏性别意识的公共服务造成不同性别流动人口获益不平等

在一些流动人口的公共服务中，由于性别意识缺失或受传统社会性别观念的影响而造成事实上的两性获益不平等。如在社会保障服务中，各项社会保险的准入条件，各类险种的设置等都存在不同程度的性别盲点而对流动女性产生不利的影响。流动人口的公共卫生计生服务则因受生育主要是女性的责任这一传统社会性别观念的影响而重点服务于女性，忽视了对男性流动人口的卫生计生服务，服务存在不足，造成对男性流动人口的不公正，进而也影响了女性的健康。通过社会性别视角审视大城市积分落户服务，则发现其存在着有待完善的地方，在资格条件和积分指标的设置上将部分农民工排除在外，尤其是女性农民工。由于女性农民工在社会保障、受教育程度、技能水平等这些积分的重要指标方面，与男性农民工相比均处于劣势，因而在通过积分途径落户大城市方面较困难。

4. 传统的社会性别规范导致流动迁移中女性流动人口滞后于男性流动人口

我国传统的社会性别规范是造成流动中两性分异的又一因素。我国传统的男性气质要求男性勇敢、具有冒险精神，要事业成功，能够养家糊口，而传统的女性气质要求女性温柔、善解人意，要做贤妻良母，以家庭为中心。这种传统的性别规范对农村的影响较深，在人口流动初期阻碍了农村女性与男性同等地转移、流动。传统男性气质的期待使男性为了养家糊口，为了改善家庭经济条件而纷纷外出寻求非农就业，而传统女性气质的期待则认为家庭才是女性的天地，女性的工作岗位就是厨房、养育孩子，所以在非农转移过程中，女性往往滞后，且常常逆向转移，回归农村。社会性别实践中，部分家庭仍会有差别性地对待男女，尤其是当家庭可投入教育的资源相对稀缺的情况下，性别差异就表现得更为明显，女孩在教育资源获得上处于不利地位，导致部分农村女性受教育水平低，从而也影响了她们的转移与流动。教育是社会成员流动的一个重要砝码，也是农民非农转移时可以利用的有效资源。现代社会教育与职业流动之间的关系越来越紧密，一个人受教育水平越高，他越有可能从一个职业转到另一个职业。由于受教育水平上的差异，两性在非农转移以及就业机会的获得等方面具有一定差别。农村女性较之于男性而言，文化程度偏低，专业技能少，竞争力弱，一旦离家进入新领域，就业选择空间有限，大多从事着技术含量较低、简单重复的操作性工作，职业层次相对单一，总体上向上流动的机会不多。选择机会、向上流动的机会等方面的局限又带来了收入方面与男性的差异。

二、流动给性别平等发展带来了契机

研究发现，流动重塑了传统的性别关系，无论在权力（地位）关系上，还是在情感关系上都呈现出更新的内容，流动给改变性别关系的不平等提供了契机，加速了性别平等的进程。

传统农村家庭中，未婚子女尤其是女儿在家中很少有发言权。在大量未婚女性走出家门、实现家外就业的过程中，代际关系出现变化，原有的家庭性别关系受到挑战，最重要的表现是未婚女性在家中拥有了话语权和更多的自主择偶权。对于夫妻之间的权力（地位）关系而言，无论是“半流动家庭”还是“双流动家庭”都显示出趋向平等的特征。主要表现为，丈夫对妻子的评价更积极和正面，丈夫更加理解和体谅妻子；女性的家庭决策权明显增强，家庭权力向平权发展；女性行动的自主性大大提高。这对于提高妇女的社会地位，改变农村传统性别规范有很大的影响。

在家庭性别分工方面，“半流动家庭”中因男性外出务工、女性留守农耕而出现“男工女耕”的新分工模式。这种分工模式已经逐渐从家庭微观层面的性别分工发展为我国农村社会广泛的性别分工，在逐渐削弱传统性别规范的影响，在农村建构起新的社会性别规范。夫妻之间获得了相对平等的资源优势和地位。就家务劳动分工而言，“半流动家庭”中由于男性外出、女性留守而造成女性几乎承担全部家务的事实，但是在返乡期间有越来越多的男性帮助妻子分担家务劳动，这是一个重要的变化。对“双流动家庭”而言，夫妻双双外出，实现了家外就业，成为双职工家庭，家庭性别分工不再有主外、主内的明显区分。家务由过去的主要由女性承担趋向于共同分担。但是如果夫妻共同外出，妻子没有工作和收入、只是“陪工夫人”的情况下，家务劳动仍然主要由女性承担。

就夫妻感情关系而言，“半流动家庭”中，由于长时间的夫妻分居，互动交流减少，婚姻的许多功能不能正常实现，出现婚姻质量下降的情况，但是总体而言，一方劳动力外出并没有对夫妻关系造成强烈冲击，他们的家庭关系仍然较为稳定。“双流动家庭”中，夫妻双双外出，在同甘共苦、患难与共中加深了理解，增进了感情。夫妻关系在家庭关系中的重要性有所提升，夫妻感情较好、家庭稳定性较高，更加和谐与平等。

性别平等并非简单的结果平等，而是包括禀赋（教育、健康和拥有的物质资产）、经济机会和收入、能力和能动性三个方面。[①] 在这三方面，除了禀赋，在经济机会和收入、能力和能动性两方面，流动都给性别平等带来了契机。在经济机会和收入上，大规模的乡城流动给女性打开了通往城市、非农就业的大门，越来越多的农村女性流动迁移到城市寻找就业机会和岗位，在收入上也收获了比农业收入高得多的收益。虽然与男性流动人口相比，她们的就业机会和收入都还存在差距，但是与之前相比已经有了很大进步。在能力和能动性上，流动迁移到城市的经历让更多的女性开阔了视野，增长了知识，提高了能力，也因为有独立的经济收入而获得了较大的能动性，这种能动性既体现在对个人事务（恋爱、婚姻、就业等）的自主决定上，也体现在家庭（包括家庭事务决策权、家务分工等）中的权力和地位上。可以说城乡迁移是一个赋权的过程，女性在此过程中所获得的权能，大大提升了再次迁移的可能性，也让她们有勇气、有能力去打破传统性别规范对她们的束缚。自主意识逐渐增强的农村女性，有能力通过外出打工实现“自己养活自己”的目标，从而构建和提升自我的独立性。于是，当已婚女性因不满农村家庭生活而选择外出打工时，她们的迁移实践便具有了改变传统性别秩序的意义。

三、性别不平等的障碍与新型城镇化的机遇

流动给性别平等带来了契机，但是并没有完全改变性别不平等，

① 张芮菱：《新生代农民工就业的社会性别研究维度探析》，《中共四川省委党校学报》2013年第4期。

性别平等仍然存在一些障碍，主要在于三个方面：城镇化推进中的乡村歧视与城市排斥，社会转型过程中城乡分治与发展不平衡，传统性别规范与社会资源配置的性别不平等。

其一，城镇化推进中的乡村歧视与城市排斥。在城镇化的进程中，需要大量的农村剩余劳动力补充城市劳动力短缺，而农村则因为生产力发展而出现劳动力严重过剩的情况，剩余劳动力流入城市契合了城镇化的需要。在这个大趋势下，农村女性为了自身的生存与发展流入城市，主观上是为了改善自身处境，客观上适应了城镇化的需要。在城镇化推进过程中，有些城市存在着生存空间狭小、城市环境较差、社会治安等问题。由于城市的生存空间日益拥挤，城市市民的就业压力和生存难度增大，导致城市市民包容性不足，形成了一定的社会排斥和乡村歧视。这种乡村歧视和城市排斥造成部分流动人口权益保护弱化，部分女性流动人口更是陷入了边缘化困境。

其二，社会转型过程中的城乡分治与发展不平衡。新中国成立以后，我国确立了“城乡分治”的二元结构，重工业优先发展的战略使得农村发展相对滞后。改革开放以后，农村虽因家庭联产承包责任制的推行而发生了比较大的变化，但城市的发展速度快于农村。农村发展的滞后，城市化建设的需要，使农村剩余劳动力大量流入城市成为城市发展的廉价资源，城市和农村的相对不平衡发展，导致了农村流动人口在生存上的艰难处境。虽然我们在改善城乡二元制度方面一直在做积极的努力，但仍有一部分农村流动人口目前还无法享受到与城市市民同等的权益。女性流动人口离开农村的熟人社会，在经济力量薄弱和社会资源不足的条件下，不可避免地处于从属地位。

其二，传统性别规范与社会资源配置的性别不平等。“男尊女卑、男高女低、男主外女主内”等影响了中国几千年的传统性别规范依然存在，对农村的影响较深，导致农村的社会资源配置呈现出性别差异：农村教育资源配置上男多女少，政治资源男性优先，经济资源男性占有较多。农村社会资源配置中的性别不公平，造成了男女性别发展的差异。

党的十八大明确提出坚持走中国特色新型城镇化道路。2014年4月,《国家新型城镇化规划(2014—2020年)》正式出台,明确了新型城镇化道路的具体内涵。新型城镇化的最终目标是城乡一体化,即整个国家城市和乡村基础设施是一体的,公共服务是均等的。正如中国社会科学院《2017年中国社会形势分析与预测》中指出的,新型城镇化发展阶段,逆城镇化、城乡一体化、乡村生活的重新复兴是一种大趋势。新型城镇化并不意味着所有农民都迁到城镇居住,而是意味着把乡村建设得更加美好,让生活在乡村的人也能达到城镇的生活品质,同时还能体会到乡间的绿色、休闲和泥土的清香。① 性别平等发展是新型城镇化的应有之义,新型城镇化也为促进性别平等提供了重要机遇。我们有理由相信也期待两性会朝着更为平等的方向迈进。

其一,新型城镇化进程中的乡村振兴需要两性人口的合力,尤其要激发乡村妇女的能动性和积极性。城镇化进程中妇女成为乡村振兴的主要力量,培育新型女农民是大势所趋。培育一批有文化、懂技术、会经营的新型女农民,解决妇女所面临的困境将成为乡村振兴的重要手段。为此要大力宣传性别平等,破除旧观念;加大教育经费投入,保证两性平等接受教育;完善相关的村委选举机制和乡村治理机制,让更多的女性参与乡村治理和政治生活;广泛开展实用技术培训,提升女性的耕作、养殖、经营、创业技能,促进乡村经济发展。乡村振兴必然会为重视乡村女性发展、促进两性平等发展提供重要机遇。

其二,在新型城镇化进程中,农业转移人口的市民化是必须着力解决的又一个重要问题。国家新型城镇化政策的出台,为包括女性在内的农业转移人口提供了市民化的政策路径。根据《国家新型城镇化规划(2014—2020年)》提出的目标,到2020年,要实现1亿左右

① 佐明仁:《今后新型城镇化的一种趋势》,《北京日报》2017年1月23日。

农业转移人口和其他常住人口在城镇落户，户籍人口城镇化率与常住人口城镇化率差距缩小2个百分点左右。这就意味着，新型城镇化将使女性流动人口定居并融入城市的数量大幅增加。新型城镇化开启了流动人口融入城市的新阶段，对包括女性在内的庞大的农业转移群体来说，意味着从长期在城乡间往返的不稳定状态，过渡到逐步转移落户城镇、融入城镇的质变，意味着从个体化流动到家庭化融入的巨变。落户城市的流动人口如何适应城乡之间的差异，实现从农村到城市的转变，既是他们自身必须面对的考验，也是整个社会必须面对的重大课题。"以人为本""人的城镇化为核心"是新型城镇化的核心内涵，其关键是推进"迁转俱进"：实现人口从乡村到城镇的迁移与人口从农民到市民身份的转换同步推进，让迁移到城市的流动人口能够在城市里"住有所居、学有所教、老有所养、劳有所得、娱有所乐、病有所医"，平等享受城镇现代化的公共基础设施和公共服务。这就需要政府从就业、社会保障、户籍和人口管理、公共服务、教育、医疗、住房等多个方面，为流动人口的城市融入提供全方位的、系统性的政策支持。制定这些政策必须将社会性别意识主流化纳入，对不同性别群体的特点和对政策支持的特殊需求进行充分考量。所以在新型城镇化政策中，在人的城镇化的总体视角之下，突出鲜明的性别视角和家庭视角，并以促进新移民家庭的完整性为目标，提出一系列旨在推进两性人口以及家庭参与和实现城镇化的针对性举措，无疑具有不可低估的现实意义。

四、新型城镇化背景下的性别平等实现路径

真正的男女平等是承认两性的生理差别，挖掘不同的性别优势，给予两性相同的机会，最大限度地发掘各自的潜力，解放各自天性，使两性都能达到自我实现的境界。流动人口的性别平等，则是指在流动迁移过程中，给予两性相同的流动机会、相同的发展机会，使两性都能实现自我。在以人为本的新型城镇化背景下，突破性别不平等的障碍，实现性别平等，需要重塑新型的性别文化、重构新型两性

社会性别关系；继续推行基本公共服务均等化；新型城镇化政策将社会性别主流化；推行家庭友好型城镇化政策。

（一）重塑新型的性别文化、重构新型两性社会性别关系

女性流动人口社会权利缺失的背后是历史遗留下来的性别观念，是在一定的社会文化环境中形成的，是后天文化习俗影响的结果，是社会化的产物，因而是可以改变的，可以通过将落后的社会性别文化重塑为新型的性别文化，进而重构新型两性社会性别关系。长远来看，增进女性流动人口的社会权利，必须在全社会进行平等的社会性别意识教育，塑造平等的性别文化，消除一切形式的性别歧视和性别不平等。首先，应充分利用各种宣传渠道，大力弘扬先进的性别文化，改变部分女性流动人口的传统性别观念，帮助她们树立自尊、自信、自立、自强的意识，勇于追求、维护自己的权利与利益，勇敢地追求事业成功与自身社会价值的实现。其次，应该提高女性流动人口的社会性别权力，鼓励她们在家庭中主张更多的社会性别权力。城乡流动不失为提高女性流动人口社会性别权力的一项公共政策选择。与农村相比，城市的男女平等观念从宣传倡导到实践落实都更加深入，女性流动人口从农村进入城市，价值观念与思想意识方面受到冲击，她们关于两性的关系与地位的认识也发生了变化。同时，随着女性流动人口经济地位的提高，她们的主体意识逐渐加强，在家庭事务中主张更多的权力，在处理家庭与工作的冲突时也将有更大的自主权，这些改变都有利于她们冲破家庭的束缚，争取职业和自身更好的发展。因此我们应鼓励更多的农村女性走出家庭、走出农村，改变落后观念、提高自我意识，这将有利于提高她们的家庭地位与社会地位。最后，社会性别责任在一定程度上束缚和阻碍了女性流动人口在事业上的投入，也影响女性流动人口享受更多的社会性别利益，不利于女性流动人口职业地位的提高。应该倡导夫妻共同承担家庭责任、两性拥有同等的享受社会性别利益的权利等先进的性别观念，将女性流动人口从传统性别观念与家庭束缚中解放出来，更加自主、自由地去追求自己的事业。丈夫要尊重、理解和支持妻子对职业的

追求，让妻子能够更自由地追求职业发展，这不仅能够缓解妻子的双重角色冲突，也能减轻丈夫的压力与负担，进而有利于夫妻感情融洽、关系稳定，有利于整个家庭的和谐发展。

（二）继续推行基本公共服务均等化

2012 年 2 月印发的《国务院办公厅关于积极稳妥推进户籍管理制度改革的通知》明确指出：着力解决农民工实际问题，“对农村人口已落户城镇的，要保证其享有与当地城镇居民同等的权益；对暂不具备落户条件的农民工，要有针对性地完善相关制度，下大力气解决他们当前在劳动报酬、子女上学、技能培训、公共卫生、住房租购、社会保障、职业安全卫生等方面的突出问题”。切实推行教育、医疗、住房等基本公共服务的均等化，保障农民工尤其是女性农民工的基本权益，是改革的重点。到 2020 年，基本形成以合法稳定住所和合法稳定职业为户口迁移基本条件，以经常居住地登记户口为基本形式，城乡统一、以人为本、科学高效、规范有序的新型户籍制度。新型户籍制度意味着“有家有业”可就地落户，这无疑为流动人口尤其是女性流动人口提供了融入城市的可靠路径。

（三）将社会性别主流化纳入新型城镇化政策

流动迁移过程中两性的差异与不平等，无疑受到个体素质、社会性别规范和角色分工观念的影响，但是解决问题的突破口在制度和政策层面。在新型城镇化政策中须大力推行社会性别主流化，将性别意识纳入决策主流。有些公共政策对经济增长和社会发展发挥积极作用的同时，却对部分女性发展产生了负面影响。所以在每一项政策、方案出台之前，都应研究清楚新方案对男女两性所产生的不同影响，要正视性别差异和深层的机会不平等，采取恰当的保护政策，帮助女性群体增进机会和选择权利。一方面女性流动人口与男性流动人口一样，在社会发展中具有同样不可漠视的作用，拥有共同的权利与尊严，必须保障女性与男性享有平等的社会权利。在公共政策制定实施之前，运用社会性别视角分析政策可能对两性产生的实际影响，通过社会性别层面的统计与分析制定和贯彻性别平等政策机制，确保不同性别流动人口享有平等的社会权利。首先，积极调整和完善部分政策、法律和法规，如完善劳动就业制度，积极推行惠及女性流动人口的就业引导政策，努力构建平等和谐的就业环境；将女性流动人口纳入社会保障网络。社会保障是每个劳动者的权利，也是女性流动人口的基本权利。在完善养老、医疗等保险的同时，实现生育保险的社会化，并且考虑到女性流动人口的现实状况，适当降低个人交纳比例，创新社保转移接续机制；政府还要加大监管力度，坚决惩治侵权行为，对侵犯女性流动人口权益的违法行为给予严厉整治，强有力地保障女性流动人口的社会权利；农村土地承包流转政策法规中要纳入社会性别视角，对权益易受到侵害的女性要加强保护，进一步增强政策法规的可操作性，制定"土地退出机制"的相关法规；将性别意识纳入流动人口公共卫生计生服务政策中，积极倡导生育是两性责任的观念，采取积极措施提高育龄男性流动人群参与生殖健康的积极性，拓宽服务的广度和深度，满足男性的不同需求；大城市积分落户政策中，树立正确的价值导向，促进社会公平正义，权衡准入指标，科学设置积分，让积分制惠及更多的人，尤其是女性。

（四）推行家庭友好型城镇化政策

鉴于女性在婚姻家庭、子女教育、家庭消费和社会治安稳定中的重要作用，只有女性的流动，才能促使流动人口在社会经济结构的变革中，最后整合为城镇稳定劳动力。农村女性劳动力流转对城市化进程具有更多实质性的意义，因而需鼓励流动人口的"家庭化流动"，并制定一系列有利于这种流动模式实现的制度、政策和措施，为实现农村人口流动向"家庭模式"的转变提供制度性的保障和政策性的支持，使这种转变得以顺利进行，即推行家庭友好型城镇化政策。

所谓家庭友好型城镇化政策，即把促进家庭团聚、维护家庭功能相对完整、支持家庭发展能力建设、扶助特殊困难家庭等纳入新型城镇化政策和人口流动政策。以流动人口家庭为基本福利单位的家庭政策，不仅要将整个家庭的需求纳入政策制定过程，鼓励和支持家庭成员之间的责任分担，为家庭整体在城市生活的实现创造条件，并支持家庭的发展性需求。具体而言包括特大城市要顺应流动人口家庭化的迁移趋势，制定合理的积分落户政策，为他们的家庭团聚和充分享有家庭生活创造条件。在中小城市尽快落实流动人口的落户入籍，使流动人口家庭真正融入当地社会，成为当地的居民。[①]

---

① 吴帆：《中国流动人口家庭的迁移序列及其政策涵义》，《南开学报（哲学社会科学版）》2016年第4期。

参考文献

一、专著

[1] [美]格瑞恩著，郑文雪、施庆译：《男孩的困惑》，上海教育出版社2002年版。

[2] 蔡昉主编：《中国人口与劳动问题报告No.4：转轨中的城市贫困问题》，社会科学文献出版社2003年版。

[3] 曹锐：《流动妇女婚姻质量研究》，上海人民出版社2013年版。

[4] 陈志光：《安居乐业 和合能谐——有序推进农业转移人口市民化研究》，经济科学出版社2016年版。

[5] 杜芳琴、王向贤编：《妇女与社会性别研究在中国1987—2003》，天津人民出版社2003年版。

[6] 杜芳琴、王政编：《中国历史中的妇女与性别》，天津人民出版社2004年版。

[7] 杜平：《男工 女工：当代中国农民工的性别、家庭与迁移》，香港中文大学出版社2016年版。

[8] 费孝通：《乡土中国 生育制度》，北京大学出版社1998年版。

[9] 国家人口和计划生育委员会流动人口服务管理司编：《中国流动人口发展报告2012》，中国人口出版社2012年版。

[10] 国家卫生和计划生育委员会流动人口司编：《中国流动人口发展报告2016》，中国人口出版社2016年版。

[11] 侯钧生:《西方社会学理论教程》,南开大学出版社 2010 年版。

[12] 李慧英、刘澄主编:《社会性别与公共政策(之二)》,中国社会科学出版社 2014 年版。

[13] 李培林主编:《农民工——中国进城农民工的经济社会分析》,社会科学文献出版社 2003 年版。

[14] 梁海艳:《中国流动人口生存与发展状况研究》,经济管理出版社 2018 年版。

[15] 刘晓昀:《农村劳动力就业与流动的性别差异》,社会科学文献出版社 2011 年版。

[16] [澳]杰华著,吴小英译:《都市里的农家女:性别流动与社会变迁》,江苏人民出版社 2006 年版。

[17] 陆学艺:《当代中国社会流动》,社会科学文献出版社 2004 年版。

[18] 沙吉才:《当代中国妇女地位》,北京大学出版社 1995 年版。

[19] 沈奕斐:《被建构的女性——当代社会性别理论》,上海人民出版社 2005 年版。

[20] 佟新:《社会性别研究导论——两性不平等的社会机制分析》,北京大学出版社 2005 年版。

[21] 王东平:《流动还是留守——城市化进程中农村女性劳动力流转问题研究》,中国社会科学出版社 2011 年版。

[22] 王辉:《变革时代中的流动人口》,社会科学文献出版社 2014 年版。

[23] 王建民、胡琪编著:《中国流动人口》,上海财经大学出版社 1996 年版。

[24] 王政、杜芳琴:《社会性别研究选译》,生活·读书·新知三联书店 1998 年版。

[25] 杨菊华:《中国流动人口经济融入》,社会科学文献出版社

2013 年版。

[26] 叶敬忠、潘璐、贺聪志:《双重强制:乡村留守中的性别排斥与不平等》,社会科学文献出版社 2014 年版。

[27] 郑真真、解振明主编:《人口流动与农村妇女发展》,社会科学文献出版社 2004 年版。

[28] 中国社会科学院社会学研究所"农村外出务工女性"课题组编:《农民流动与性别》,中原农民出版社 1996 年版。

[29] 周海旺:《城市女性流动人口社会融入问题研究》,上海社会科学院出版社 2013 年版。

[30] 周伟文、严晓萍、刘中一:《生存在边缘——流动家庭》,河北人民出版社 2002 年版。

[31] 邹兰春:《北京的流动人口》,中国人口出版社 1996 年版。

二、期刊报纸文章

[1] He. C. F. and P. Gober. "Gendering Interprovincial Migration in China", *International Migration Review*, 2003, 37 (4):1220—1251.

[2] Liang, Z. and Z. D. Ma. "China's Floating Population: New Evidence from the 2000 Census," *Population and Development Rewiew*, 2004 30(3):467—488.

[3] Roberts, K. "Female Labor Migrants to Shanghai: Temporary 'Floaters' or Potential Settlers?" *International Migration Review*, 2002,36(2):492—519.

[4] 《流动人口计划生育/生殖健康调查与思考》,《当代中国人口》(英文版)2006 年第 3 期。

[5] 白南生、何宇鹏等:《回乡,还是外出?——安徽四川二省农村外出劳动力回流研究》,《社会学研究》2002 年第 3 期。

[6] 边燕杰等:《企业的社会资本及其功效》,《中国社会科学》2000 年第 2 期。

[7] 蔡玉萍、杜平:《不平等中的不平等:社会性别视角下的中国农民工》,香港亚太研究所 Occasional Paper No. 214,2011 年。

[8] 陈丙欣、叶裕民:《中国流动人口的主要特征及对中国城市化的影响》,《城市问题》2013 年第 3 期。

[9] 陈成文、孙嘉悦:《社会融入:一个概念的社会学意义》,《湖南师范大学社会科学学报》2012 年第 6 期。

[10] 陈盛淦、吴宏洛:《二孩政策背景下随迁老人城市居留意愿研究——基于责任伦理视角》,《东南学术》2016 年第 3 期。

[11] 陈卫、刘金菊:《人口流动家庭化及其影响因素——以北京市为例》,《人口学刊》2012 年第 6 期。

[12] 陈月新:《对流动人口就业中男女平等的思考》,《南方人口》2003 年第 2 期。

[13] 程广帅、万能:《农村女性婚姻迁移人口的成因及影响》,《西北人口》2003 年第 4 期。

[14] 迟书君:《深圳流动人口婚姻家庭状况调查报告》,《青年研究》2005 年第 11 期。

[15] 戴霞:《流动人口工资收入影响因素中的性别差异——以厦门市流动妇女为例》,《南方人口》2005 年第 3 期。

[16] 邓雪琳:《外来流动人口积分制改革存在的问题与对策分析》,《湖北行政学院学报》2014 年第 4 期。

[17] 第三期中国妇女社会地位调查课题组:《第三期中国妇女社会地位调查主要数据报告》,《妇女研究论丛》2011 年第 6 期。

[18] 丁明秀:《基于社会性别理论的女性新生代农民工社会权利研究》,《农村经济》2013 年第 11 期。

[19] 杜洁:《〈国际有关社会性别主流化的理论观点述评〉——基于〈超越社会性别主流化〉专辑的讨论》,《妇女研究论丛》2013 年第 6 期。

[20] 段成荣:《我国流动和留守儿童的几个基本问题》,《中国农业大学学报》(社会科学版)2015 年第 1 期。

［21］ 段成荣、吕利丹、邹湘江：《当前我国流动人口面临的主要问题和对策——基于2010年第六次全国人口普查数据的分析》，《人口研究》2013年第2期。

［22］ 段成荣、杨舸：《中国流动人口状况——基于2005年全国1%人口抽样调查数据的分析》，《南京人口管理干部学院学报》2009年第4期。

［23］ 段成荣、张斐、卢雪和：《中国女性流动人口状况研究》，《妇女研究论丛》2009年第4期。

［24］ 冯晓燕、侯国风：《社会性别视角下的农村女性劳动力的流动》，《科技创新导报》2008年第19期。

［25］ 伏春兰、李蕾：《女性农民工城市生存困境分析》，《天津市工会管理干部学院学报》2007年第4期。

［26］ 高文书：《进城农民工就业状况及收入影响因素分析——以北京、石家庄、沈阳、无锡和东莞为例》，《中国农村经济》2006年第1期。

［27］ 高小贤：《当代中国农村劳动力转移及农业女性化趋势》，《社会学研究》1994年第2期。

［28］ 高小贤：《女性人口迁移与城镇化》，《农村经济与社会》1990年第6期。

［29］ 耿兴敏：《〈中国流动人口发展报告2017〉发布：女性流动人口比重上升 性别比趋于平衡》，《中国妇女报》2017年11月14日。

［30］ 龚维斌：《农村劳动力外出就业与家庭关系变迁》，《社会学研究》1999年第1期。

［31］ 桂华、余练：《婚姻市场要价：理解农村婚姻交换现象的一个框架》，《青年研究》2010年第3期。

［32］ 郭少榕：《留守儿童问题性别差异调查分析——以福建省为例》，《青年研究》2006年第5期。

［33］ 何惠亭：《代际关系视角下老漂族的城市适应研究》，《前沿》2014年第9期。

［34］ 霍海燕、魏婷婷:《社会质量视域下"老漂族"生活现状探究——基于郑州市金水区 H 社区的实证分析》,《学习论坛》2016 年第 10 期。

［35］ 姜秀花:《社会转型期农村流动妇女的发展与限制》,《理论学刊》2003 年第 2 期。

［36］ 金一虹:《非农化过程中的农村妇女》,《社会学研究》1998 年第 5 期。

［37］ 李芬、慈勤英:《农村女性非农转移和流动的父权制因素探究》,《中华女子学院学报》2002 年第 4 期。

［38］ 李江:《四川农村女性劳动力人口参与城镇化进程的调查与思考》,《四川师范大学学报》(社会科学版)2004 年第 2 期。

［39］ 李强:《关于"农民工"家庭模式问题的研究》,《浙江学刊》1996 年第 1 期。

［40］ 李实、杨修娜:《农民工工资的性别差异及其影响因素》,《经济社会体制比较》2010 年第 5 期。

［41］ 李升、黄造玉:《超大城市流动老人的流动与生活特征分析——基于对北上广深流动家庭的调查》,《调研世界》2018 年第 2 期。

［42］ 李卫东、李树茁、M. W. 费尔德曼:《性别失衡背景下农民工心理失范的性别差异研究》,《社会》2013 年第 3 期。

［43］ 李卫东、李树茁、权小娟:《性别失衡背景下未婚农民工心理失范性别差异研究》,《妇女研究论丛》2014 年第 6 期。

［44］ 李晓芳:《不同流动经历农村已婚女性家庭实权感比较及影响因素分析》,《人口与发展》2015 年第 5 期。

［45］ 梁华林:《从社会性别的视角看农村女性流动与公共政策的选择——以中西部地区农村女性流动为例》,《中共山西省委党校学报》2007 年第 6 期。

［46］ 梁宏、郭娟娟:《不同类别老年流动人口的特征比较——基于 2015 年国家卫生计生委流动人口动态监测数据的实证分析》,

《人口与发展》2018年第1期。

[47] 刘伯红:《农村流动人口与性别——“中国农村劳动力流动国际研讨会”有关论点综述》,《妇女研究论丛》1996年第4期。

[48] 刘成斌:《农民工子女“流动与留守”的性别差异——从教育公平思考就业平等》,《中国妇女报》2012年6月26日。

[49] 刘秀红:《社会性别视角下的农民工社会保险政策》,《人口与经济》2009年第1期。

[50] 刘鸿雁、汝小美、丁峰:《流动人口的生殖健康服务》,《人口研究》2004年第5期。

[51] 刘林平、张春泥:《农民工工资:人力资本、社会资本、企业制度还是社会环境?——珠江三角洲农民工工资决定模型》,《社会学研究》2007年第6期。

[52] 刘庆:《“老漂族”的城市社会适应问题研究——社会工作介入的策略》,《西北人口》2012年第4期。

[53] 刘小章、解振明:《生殖健康与男性参与》,《中国计划生育学杂志》2002年第10期。

[54] 刘亚娜:《社区视角下老漂族社会融入困境及对策——基于北京社区“北漂老人”的质性研究》,《社会保障研究》2016年第4期。

[55] 陆福兴、刘宁:《边缘化生存:农村女性融入城市面临的困境》,《中共山西省委党校学报》2007年第2期。

[56] 鲁哲:《上海市妇联调查:外来常住女性非正规就业比重大》,《新民晚报》2012年11月14日。

[57] 罗小锋:《时空伸延:半流动家庭中的夫妻关系维系策略》,《内蒙古农业大学学报》(社会科学版)2011年第2期。

[58] 罗伊·普罗斯特曼、朱可亮等:《中国农民土地权利状况——2010年十七省样本调查》,载《中国法治发展报告》,社会科学文献出版社2012年版。

[59] 罗忆源:《流动农民工家庭中的夫妻两地分居问题研究》,

《湖北社会科学》2006 年第 7 期。

[60] 罗忆源、柴定红:《半流动家庭中留守妇女的家庭和婚姻状况探析》,《理论月刊》2004 年第 3 期。

[61] 罗忠勇:《农民工劳动权益的性别差异研究——基于珠三角 3000 多位农民工的调查》,《中国软科学》2010 年第 2 期。

[62] 吕红平:《农民工中的女性群体更需要社会关注》,《郑州大学学报》(哲学社会科学版)2004 年第 1 期。

[63] 吕美颐、郑永福:《近代中国:大变局中的性别关系与妇女》,载杜芳琴、王政编《中国历史中的妇女与性别》,天津人民出版社 2004 年版。

[64] 吕学静:《城市农民工社会保障问题的现状与思考——以对北京市部分城区农民工的调查为例》,《学习论坛》2005 年第 12 期。

[65] 孟宪范:《男工女耕与中国农村女性的发展》,《社会科学战线》1995 年第 1 期。

[66] 钱雪飞:《性别差异视角下女农民工城乡迁移个人风险成本的实证研究——基于 1012 位城乡迁移农民工的问卷调查》,《华南农业大学学报》(社会科学版)2009 年第 4 期。

[67] 秦敏、朱蓉、杜莉、陆珺、许厚琴、朱丽萍:《上海市 1996—2015 年孕产妇死亡情况分析》,《中华妇产科杂志》2017 年第 6 期。

[68] 任远、邬民乐:《城市流动人口的社会融合:文献述评》,《人口研究》2006 年第 3 期。

[69] 沈渝:《流动中的社会性别体系——〈第三期四川妇女社会地位调查〉之“受流动影响的人群”的初步分析》,《四川教育学院学报》2012 年第 12 期。

[70] 史凯亮、刘云杉:《新时期中国妇女教育与社会地位——基于第三期中国妇女社会地位调查数据》,《中国妇运》2014 年第 5 期。

[71] 宋月萍:《社会融合中的性别差异:流动人口工作搜寻时间的实证分析》,《人口研究》2010 年第 6 期。

[72] 宋月萍、霍华德:《行业集聚以及职业隔离:农民工工伤保险性别差异及原因分析》,《内蒙古大学学报》(哲学社会科学版)2013年第3期。

[73] 盛亦男:《中国流动人口家庭化迁居》,《人口研究》2013年第7期。

[74] 苏群、刘华:《农村女性劳动力流动的实证研究》,《农业经济问题》(月刊)2003年第4期。

[75] 孙慧芳、时立荣:《农村流动家庭的夫妻关系研究——来自太原市城乡接合部H社区的调查》,《北京科技大学学报》(社会科学版)2007年第4期。

[76] 谭皓、田璐琳:《社区公共文化服务视角下满足"老漂族"精神需求的对策》,《玉林师范学院学报》2015年第1期。

[77] 谭琳:《论和谐社会的性别关系特征》,《理论导刊》2007年第12期。

[78] 谭琳:《目前中国女性婚姻迁移的态势和特点》,《南方人口》1998年第2期。

[79] 谭深、马春华:《外出务工与农村性别关系的变化》,载全国妇联妇女研究所课题组《社会转型中的中国妇女社会地位》,中国妇女出版社2006年版,第675页。

[80] 谭深:《农村劳动力流动的性别差异》,《社会学研究》1997年第1期。

[81] 谭深:《外出和回乡:农村女性流动人口的经历》,《农村农业农民:下半月》2005年第10期。

[82] 滕兴才:《社科院报告:女性农民工平均月工资比男性低200元》,《中国青年报》2008年5月10日。

[83] 田凯:《农民工城市适应性的调查分析与思考》,《社会科学研究》1995年第5期。

[84] 田艳平:《家庭化与非家庭化农民工的城市融入比较研究》,《农业经济问题》(月刊)2014年第12期。

[85] 王桂新、沈建法、刘建波:《中国城市农民工市民化研究》,《人口与发展》2008年第1期。

[86] 王桂新、王利民:《城市外来人口社会融合研究综述》,《上海行政学院学报》2008年第6期。

[87] 王金玲:《非农化与农村妇女家庭地位变迁的性别考察——以浙江省为例》,《浙江社会科学》1997年第2期。

[88] 王璇、杨雪云:《城市化进程中"老漂族"的社会融入问题述评》,《西安建筑科技大学学报》(社会科学版)2018年第1期。

[89] 王亚萍、毕兰凤:《妇女家庭角色认知与人口外出流动的相关性分析——以安徽省肥东县王村为例》,《辽宁行政学院学报》2012年第6期。

[90] 王毅平:《社会性别理论:男女平等新视角》,《东岳论丛》2001年第4期。

[91] 吴帆:《中国流动人口家庭的迁移序列及其政策涵义》,《南开学报》(哲学社会科学版)2016年第4期。

[92] 吴惠芳:《留守妇女现象与农村社会性别关系的变迁》,《中国农业大学学报》(社会科学版)2011年第3期。

[93] 吴伟东:《农民工社会融入的性别差异——来自五大城市的证据》,《兰州学刊》2012年第6期。

[94] 伍慧铃、陆福兴:《女性农民工城市生存边缘化及其防范》,《中共济南市委党校学报》2007年第1期。

[95] 伍丽群、许林勇:《深圳流动未婚男性青年生殖健康及需求调查研究》,《安徽卫生职业技术学院学报》2016年15卷第1期。

[96] 肖远香:《大城市积分落户制度的公平性思考》,《学理论》2014年第36期。

[97] 谢立春、曾序春、钟于玲、王亦凡、陈泽强、史闯、陈雄、黄惠贤、麦惠玲:《流动未婚男青年生殖健康现状研究》,《中国性科学》2005年第11期。

[98] 许加明、华学成:《流动的老年:"老漂族"的形成机制与多

重角色困境》,《华中农业大学学报》(社会科学版)2018年第5期。

[99] 徐愫、田林楠:《流动人口收入性别差异的实证研究——以苏浙沪三省(市)数据为依据》,《贵州社会科学》2015年第5期。

[100] 郇红艳、孙道德:《欠发达地区农村劳动力流动的性别差异与收入——基于皖北农村的实证分析》,《经济问题探索》2008年第6期。

[101] 杨菊华:《流动人口在流入地社会融入的指标体系——基于社会融入理论的进一步研究》,《人口与经济》2010年第2期。

[102] 杨菊华:《社会排斥与青年乡—城流动人口经济融入的三重弱势》,《人口研究》2012年第5期。

[103] 杨菊华:《浅议〈居住证暂行条例〉与户籍制度改革》,《东岳论丛》2017年第3期。

[104] 杨黎源:《外来人群社会融合进程中的八大问题探讨——基于对宁波市1053位居民社会调查的分析》,《宁波大学学报》(人文科学版)2007年第7期。

[105] 杨云彦:《人口迁移与劳动力流动的女性主义分析框架》,《中南财经大学学报》2001年第6期。

[106] 应艳阳、林文龙、朱仁永、李敬荣、王静:《男性流动人口主动参与生殖健康活动状况分析》,《中国计划生育学杂志》2013年第5期。

[107] 俞扬:《基于社会性别的流动人口社会保障问题研究——以宁波市北仑区女性流动人口为例》,《浙江师范大学学报》(社会科学版)2014年第6期。

[108] 张传红:《乡城流动对夫妻家庭性别分工的影响研究》,《中国农业大学学报》(社会科学版)2010年第3期。

[109] 张传红、李小云:《流动家庭性别关系满意度变化研究 以北京市农民工流动家庭为例》,《妇女研究论丛》2011年第4期。

[110] 张丹:《教育公平视角下流动儿童受教育质量的性别差

异研究——以上海市小学为例》,《华东师范大学学报》(教育科学版)2016年第1期。

[111] 张芮菱:《新生代农民工就业的社会性别研究维度探析》,《中共四川省委党校学报》2013年第4期。

[112] 张善余、俞路、彭际作:《当代中国女性人口迁移的发展及其结构特征》,《市场与人口分析》2005年第2期。

[113] 张为民、李希如、叶礼奇、谢庚、胡英:《中国流动人口状况分析》,《经济研究参考》1998年第57期。

[114] 张文宏、雷开春:《城市新移民社会融合的结构、现状与影响因素分析》,《社会学研究》2008年第5期。

[115] 张学春、张俊:《安徽省农民工务工特征的性别差异研究——基于756位农民工的调查》,《赤峰学院学报》(汉文哲学社会科学版)2013年第5期。

[116] 张照新、宋洪远:《中国农村劳动力流动国际研讨会主要观点综述》,《中国农村观察》2002年第1期。

[117] 赵君丽:《人口迁移的性别选择性与女性移民问题》,《南京人口管理干部学院学报》2002年第2期。

[118] 赵延东、王奋宇:《城乡流动人口的经济地位获得及决定因素》,《中国人口科学》2002年第4期。

[119] 赵银侠、班理、梁淑萍:《城市女农民工生存状况的社会资本理论分析——陕西省城市女农民工生存状况的调查》,《宝鸡文理学院学报》(社会科学版)2007年第6期。

[120] 中国农业大学课题组:《4000万农民工留守妻子独守空房》,《中国青年报》2009年1月24日。

[121] 钟甫宁、徐志刚、乐敬东:《经济发达农村地区外来劳动力的性别差异研究》,《人口与经济》2001年第2期。

[122] 周凯、张晓辉:《中国城乡融合的影响因素分析》,《延边大学学报》2012年第6期。

[123] 朱力:《论农民工阶层的城市适应》,《江海学刊》2002年

第6期。

[124] 朱丽萍、秦敏、贾万梁:《上海市近十年来外来孕产妇死亡情况分析》,《中国妇幼保健》2007年第20期。

[125] 朱秀杰:《农村女性人口流动的约束机制——社会性别视角分析》,《南方人口》2005年第1期。

[126] 周皓:《中国人口迁移的家庭化趋势及影响因素分析》,《人口研究》2004年第6期。

三、学位论文

[1] 付蓉:《农村半流动家庭夫妻权力关系:女性依附性支配——基于河南省固始县J村的实地调查》(硕士学位论文),浙江师范大学,2012年。

[2] 甘文秀:《乌鲁木齐维吾尔族流动人口文化融入调查研究》(硕士学位论文),新疆师范大学,2013年。

[3] 葛燕林:《对当前我国农村土地政策的社会性别分析——以天堂村为例》(硕士学位论文),中共中央党校,2013年。

[4] 耿梦圆:《老年漂群体的社区融入研究》(硕士学位论文),南京大学,2015年。

[5] 关玉凤:《从社会性别视角看已婚女性流动人口的生存现状》(硕士学位论文),兰州大学,2007年。

[6] 胡韬:《流动少年儿童社会适应的发展特点及影响因素研究》(硕士学位论文),西南大学,2007。

[7] 廖佳雨:《双流动家庭的夫妻关系研究——以上海市G城中村为例》(硕士学位论文),华东理工大学,2012年。

[8] 马洁:《外出务工人员的家庭关系研究——以济南市LC区为例》(硕士学位论文),山东大学,2006年。

[9] 任曦昱:《社会流动对农村女性社会性别观念的影响——以吉林省为例》(硕士学位论文),东北师范大学,2013年。

[10] 徐敏:《社会性别视角下农村留守妇女的家庭地位研

究——以河南J乡为例》(硕士学位论文),西北农林科技大学,2014年。

[11] 张惠:《随迁老人社会融入个体影响因素研究——一个生命历程的分析视角》(硕士学位论文),华东理工大学,2015年。

四、网络文献

[1] 吴俊松:《1980年代农民工总人数约1.2亿75%出自乡镇企业》,《南方日报》2011年7月1日,http://news.sohu.com/20110701/n312188157.shtml。

[2] 国家统计局农村司:《2009年农民工监测调查报告》,国家统计局网站2010年3月19日,http://www.stats.gov.cn/ztjc/ztfx/fxbg/201003/t20100319_16135.html。

[3] 徐博:《全国农民工总量达到2.82亿》,新华网2017年3月14日,http://news.xinhuanet.com/fortune/2017－03/14/c_1120627561.htm。

[4] 《〈中国流动人口发展报告2013〉发布》,国务院新闻办公室网2013年9月11日,http://www.scio.gov.cn/zhzc/8/4/Document/1345763/1345763.htm。

[5] 《回良玉在第二次全国农业普查工作总结会议上讲话》,中国政府网2008年7月29日,http://www.gov.cn/ldhd/2008－07/29/content_1058599.htm。

[6] 《河南确认艾滋病感染者63940例 农民工占七成》,中国网2014年11月30日,http://news.163.com/14/1201/09/ACCB20PC00014JB6.html。

[7] 李楠:《中国有多少流动儿童和留守儿童?——2017年教育统计数据发布》,城市化观察网2018年8月15日,https://baijiahao.baidu.com/s?id=1608873715279545479&wfr=spider&for=pc。

[8] 李菲:《全国妇联:城乡流动儿童与留守儿童性别比总体差

别不大》，新华网 2013 年 5 月 10 日，http://news.163.com/13/0510/15/8UH8ORPB00014JB5.html。

［9］ 李楠：《深圳流动儿童调查：十年了，被留守的依然是女孩》，户改观察 2018 年 3 月 12 日，http://dy.163.com/v2/article/detail/DCL233KS0514CACI.html。

［10］ 代丽丽：《2016 中国流动人口发展报告：我国流动人口 2.47 亿》，《北京晚报》2016 年 10 月 19 日，转载于中国社会科学网，http://sky.cssn.cn/zx/shwx/shhnew/201610/t20161019_3241404.shtml。